2021年·华东政法大学博士精品文库

证券投资者差异化保护
法律制度研究

鲍彩慧　著

上海人民出版社

总　序

　　我们组织"华政博士精品文库"丛书，每年遴选若干部优秀博士学位论文出版，以期助推博士生学术发展，鼓励博士生精心治学。我们希望"华政博士精品文库"能够像一川清流，如一缕烛光，展现新时期学术青年的深思与创造，为我国的法学研究和法治实践事业注入自己的理想与力量！可以这样说，文库的每一本著作都满含着博士们的追求、志向与期望。这种志气和期望，体现着青年学子对我们国家法治建设的期许和信心，是博士们品德修养和科研底蕴的展现。他们将这种底蕴和情怀幻化为一种博大的向往，包含着对法治和真理的不懈追求，并将其内化为一种既定的生活方式。正如彼得·德恩里科所说："每个人都有一个博大的襟怀：通过法治来构建并维系一个和谐社会，通过彼此努力和共同参与来解决社会冲突。这不仅是我们的襟怀，也是我们寻求的生活方式。"

——摘自《2014 年·华东政法大学
博士精品文库》总序

目 录

前　言

随着我国证券市场的跨越式发展,证券投资者保护的重要性也已经成为一种共识。理论上对证券投资者法律制度进行了解释、借鉴和建议完善,《证券法》也已经确立了一些令投资者振奋的显性制度安排,整体上呈现出加强投资者保护的单一方向和同质化进程。但是证券投资者是一个类型复杂的整体性概念,证券市场中的差异性因素也普遍存在,研究证券投资者保护问题应关注这些差异并进行制度回应。基于此,本书旨在就证券投资者差异化保护的法律问题进行研究,并主要分为五个部分展开论证。

第一章是证券投资者差异化保护的基本原理。证券投资者作为一个法律语词,应当是一个独立的概念,具体是指在证券市场上从事证券投资活动享有证券投资收益并承担投资风险的机构或者自然人。研究证券投资者差异化保护具有相当的理论基础,代理理论、信息不对称理论、弱者保护理论阐释了保护投资者的理论意涵;证券投资者本身是一个类型复杂的概念,行为金融理论、风险偏好理论奠定了投资者差异化保护的理论前提。从现实情况来看,复杂的投资者类型需要理性回应,不同投资者的保护需求也存在差异,多层次资本市场的建设需要差异化的投资者保护体系与之相匹配。差异化保护有利于提高证券投资者保护工作的针对性和有效性,提高监管效率和市场资源配置效率,进而促进证券市场发展。既有的投资者保护制度体系构成了证券投资者差异化保护命题成立的前提,投资者适当性制度是证券投资者差异化保护制度的"初级阶段",为构建更成熟、完整的证券投资者差异化保护制度奠定了基础。此外,理解证券投资者差异化保护的内涵,应明确证券投资者差异化保护以平等保护为前提,是一种"合理区别对待"的实质平等观;证券投资者保护法律制度的选择和评价应以适度性为标准;在内容上,强调证券投资者与其他市场主体之间的利益均衡;以保证公平为结果追求,是面向证券市场不对称现实的实质公平观。

第二章是对证券投资者分类制度的研究。因为证券投资者平等保护的探讨应以归类为前提,这是证券投资者差异化保护制度的起点。比较不同国家和地区对证券投资者的分类,发现当前国际范围内证券投资者分类制度呈现出定位明晰化、体系系统化、标准精细化的规律特点。在证券投资者差异化保护的背景下,需要理顺我国证券投资者分类的制度逻辑,强调证券投资者分类与市场结构层次相匹配、投资者分类应建立在投资者的合理差异之上,以及注重投资者分类制度的动态性特征。通过考察我国证券投资者分类制度的具体规则,当前投资者分类制度主要是作为特定市场、产品或服务的投资者准入要求,或作为投资者适当性制度的前提,以及作为对普通投资者特别保护的依据。在投资者差异化保护的制度背景下,我国的证券投资者分类制度显得逻辑不清、体系性不足、分类标准粗疏,因此需要有针对性地进行完善。具体而言,从水平维度和垂直维度对投资者进行结构描述,将证券市场分为普通证券市场和特殊证券市场,根据投资者"合格"与否,对"普通投资者"和"专业投资者"基本分类进行细化,并通过结构层次的分析进行类型修正,最终将投资者分为普通投资者、专业投资者和适格交易对手三类。同时,明确不同类型投资者的识别标准,细化投资者财务实力标准,对不同类型证券投资者进行差异化的投资额度限制,并改进分类方式。

　　第三章是对证券投资者保护路径的差异化问题思考。考察证券投资者保护路径的演化进程,整体上呈现出扩张化、同质化的趋向。其中以信息披露方式来保护证券投资者的路径不断扩张,证券监管主导投资者保护进程的趋势也在国际范围内得到体现,而且当前对证券投资者的法律保护呈现出明显的父爱主义倾向。在此过程中,也产生了一些问题和矛盾:随着信息披露制度的发展,证券投资者差异化的信息需求与超量的信息披露之间存在矛盾;不同证券投资者受保护需求存在差异,使得证券监管对投资者的保护存在局限;"买者自负"作为证券投资者参与证券投资的市场准则,与法律父爱主义对证券投资者可能造成的过度保护存在冲突。为了解决这些问题和矛盾,需要对投资者采取差异化的保护路径,分别确定针对适格交易对手投资者、专业投资者和普通投资者的差异化保护框架。为了实现对投资者的差异化保护路径,需要在投资者需求导向下,建立信息披露制度的差异化路径;平衡投资者与监管者的关系,培育多元化的投资者保护主体;针对不同类型的投资者,采取不同程度的法律父爱主义,在干预证券投资者自由、保护力度和保护方式上作差异化的制度安排。

　　第四章是从证券投资者权利义务的配置方面思考差异化保护的问题。法律对证券投资者的保护表现为一种特殊保护和倾斜性保护。权利倾斜性配置一般针对的是弱势群体,旨在追求实质正义,因此对法律主体之间的权利义务予以人为矫正。一般认为,证券投资者相较证券经营机构等市场主体,处于天然的弱势地位,加之证券投资者的有限理性,使其弱势明显,因此需要进行倾斜性保护,通过强化投资者权利和规范证券经营机构义务,来实现对证券投资者权利的倾斜性配置。但是在此过程中,极有可能对证券投资者自身和义务相对方产生反效果:可能会导致证券投资者弱者心态的泛化;因为不同投资者权利行使积极性的差异,会产生配置权利空化的问题,部分证券投资者也可能滥用投资者权利;同时,证券经营机构对配置的义务,也会产生对策行为,进而可能会影响证券市场的效率和安全。因此,需要优化证券投资者权利义务配置的模式,因为投资者权利内容本身具有层次性,权利义务应当对等,以及权利分配应合比例,证券投资者权利配置应向差异化的方向进行改进。具体来说,需要根据不同证券投资者的权利行使能力差异、具体权利内容差异,作出权利支持或权利限制的差异化制度安排;在证券经营机构的行为义务一端也要遵循差异化思路,强化其对普通投资者的义务,适当减轻针对专业投资者的义务,对适格交易对手承担合同义务,分别适用不同的行为义务规则,来符合实质平等保护的客观要求。

　　第五章聚焦证券投资者民事救济问题,并贯之以差异化的思路进行研究。证券市场中投资者的合法权益易受市场侵权行为损害,赋予其救济权进行民事救济,对保护投资者利益、预防侵权行为发生和促进法律实施具有重要意义,对投资者的救济要遵循适度救济、效率救济和公正救济的原则。在这些共性问题之外,在对证券投资者施以民事救济时,还有相当一部分的差异考量,宏观上不同证券市场的差异给投资者民事救济的制度统合带来了一定挑战,中观层面不同证券侵权行为对投资者的致损机理存在差异,微观上在认定具体民事赔偿责任时,信息差异和主体差异都会影响投资者获得损害赔偿救济的程度。为完善投资者民事救济机制,应细化相关法律规则,对不同证券市场中的侵权行为和救济规则予以区别对待,重新分配不同投资者之间的举证责任,推进诉讼外替代性救济机制的实施,并施行保证赔偿实现的先行赔付制度。

　　总而言之，构建一种更加细致的、更具针对性的证券投资者差异化保护法律制度，具有坚实的理论基础和重要的现实意义。为了制度愿景的实现，应当明确证券投资者差异化保护的制度内涵，完善证券投资者的分类制度，由"同质化保护"向"差异化保护"的保护路径演进，夯实投资者的实体权利的同时，完善投资者民事救济的程序问题。最后，制定一部专门的《证券投资者保护条例》，将投资者差异化保护的理念、路径、权利义务配置以及程序保障融于其中，是恰当和适时的。

导　论

一、选题背景

我国证券市场经历了从无到有、从小到大的跨越式发展，并且拥有了全球规模最大、交易最活跃的投资者群体。一直以来，建立行之有效的投资者保护机制，切实维护、保障证券投资者合法权益是理论和实践中共同的改革旨趣。证券法学理论研究注重对投资者保护法律制度进行解释、借鉴、完善和建构，并以更新既有规则和修订法律作为一般性的实践方案。2020年3月1日，修订后的《证券法》正式施行，其中专门设立了"投资者保护"一章，将证券投资者保护的相关制度安排以法律的形式明确，是证券投资者保护制度体系建设的里程碑。当前证券投资者保护已经从理念、口号到政策、规则，并最终以法律的形式确定下来。但是这些"纸面上的法"，是否真的能够如学术界所期待的那样更多地、更有效地保护投资者合法权益？理论上易陷入"存在即合理"的解释循环，实践效果似乎也仍有待观察。

几乎全世界范围内的资本市场都是以多层次的形态发展起来的，我国资本市场虽然发展时间较短，但也已经形成了"金字塔"式的多层次资本市场结构。我国资本市场法律制度呈现出"重场内轻场外""重主板轻其他""重公募轻私募""重股轻债"的制度倾向，因此需要针对不同的市场层次进行不同的制度供给，在发行融资、交易方式、市场准入、信息披露、监管机制等方面进行全面的差异化安排。在投资者保护问题上，多层次资本市场建设和发展过程中，实际上已经实现了证券投资者的自然分层。随着证券市场和公募基金的快速发展，我国证券投资者的数量和质量都有了大幅提升，而且普通投资者与专业投资者、个人投资者与机构投资者之间的分化和差异，放大了对投资者保护法律制度差异化供给的需求。

从我国证券投资者保护法律制度的发展进程来看，对投资者保护的强调呈现单向性，这是对证券投资者这一"弱势"群体的关照，但是证券市场实践中的投资者到底是"弱"还是"强"，这是一个需要群体细分的问题，因为证券投资者这一概念本身就需要进行类型化的分析。从现实情况来看，不同证券市场的交易规则和监管秩序、不同证券产品的风险因素、不同证券投资者的交易能力和权利维护能力等方面，都存在着差异，而这些都会影响证券投资者保护法律制度的实施效果。更重要的是，理论上和实践中讨论证券投资者保护这一命题时，也往往忽略了这些宏观结构和微观部分的差异性细节，对证券投资者强调同质性的平等保护，但是绝对的平等是难以达成的，针对差异进行"合理的区别对待"是投资者保护法律制度实质正义的要求。

综合来看，证券投资者具有差异化保护的现实需求，但是相应法律制度却供给不足。目前我国为了实现对投资者的倾斜保护，已经形成了由立法保护、行政保护、市场自律保护、投资者自我保护相结合的投资者保护体系；在理论和实践中发展起来的投资者适当性制度，以投资者分类为基础,强调证券经营机构对不同类型的投资者应尽不同的注意义务,也是差异化原理在证券投资者保护问题上的制度初探。但是投资者保护工作是一个系统工程,若忽视了不同类型投资者在受保护需求、保护路径以及权利实现等方面的差异需求,这种"重原则、轻特殊"的法律制度供给,将影响投资者保护宗旨的实现。因此,为了适应我国多层次资本市场建设的趋势,照拂不同证券投资者的受保护需求,实现对证券投资者的平等保护、适度保护和均衡保护,我国证券投资者保护法律制度应当由"一揽子保护"向"差异化保护"进行制度转型。据此,研判并构建一种更加细致、更具针对性的证券投资者差异化保护法律制度,具有重要的现实意义。

二、文献综述

证券投资者保护作为一项重要的法律制度,在20世纪90年代末引起了学者们的普遍重视,研究认为投资者保护对金融体系发展、经济增长方面都有着重要影响,在微观发现投资者法律保护对股利政策、代理成本、股权集中度等方面也都存在着积极的影响(LaPorta等,1998;王鹏,2008)。

关于证券投资者保护的制度体系问题,存在着不同的分类和看法:计小青、曹啸(2008)将之划分为标准的投资者保护制度(市场、法律和管制)和替代性投资者保护制度;张育军(2006)从参与主体的角度分为投资者、自律机关、立法机关、行政机关、法院和社会公众的保护机制;还有学者指出投资者保护需要政府监督、市场自律、投资者权益主张的"三足鼎立",缺一足则证券投资者保护工作即为倾倒(陈春山,2000;赵万一,2012),这些都从不同方面展现了投资者保护问题的诸多侧重。

对于"投资者"与"金融消费者"两个概念之间的关系、证券市场投资者是否应当纳入金融消费者范畴等问题,理论上存在着广泛争议。有学者将投资者购买"金融服务"和从事"投资产品"的情况区分开,认为前者是金融消费者,后者则不属于(刘迎霜,2011);有学者从我国资本市场分业经营、分业监管的现实情况出发,指出金融消费者的内涵与外延不能涵盖所有的证券投资者,只要证券产品与金融产品之间尚存在区别,便不可能在《证券法》中采用金融消费者来代替投资者(叶林,2012)。有学者根据交易或服务涉及的范围领域,认为"投资者"一词可以较好地适用于整个证券市场,金融消费者接受的金融服务不限于证券交易,还涉及银行服务、保险产品等(冯果,2011);有学者认为所有自然人投资者属于金融消费者,机构投资者属于证券投资者(彭真明、殷鑫,2011;郭丹,2010)。在此基础上,也有学者进一步指出那些购买高风险投资产品的自然人不应属于金融消费者的范畴(于春敏,2010;李明奎,2011),而大众投资者逐渐与消费者融合,实现了从"投资者到金融消费者的角色嬗变"(陈洁,2011)。还有学者从个体的主观目的角度,认为部分投资者应界定为金融消费者,另一部分以投资为业的投资者不宜界定为金融消费者(邢会强,2014)。持金融消费者完全说的观点对金融消费者概念的认定范围最广,认为应建立统一的金融消费者主体结构,银行业的存款人、保险业的投保人是当然的消费者群体,证券业的专业金融投资者和一般金融投资者也属于金融消费者的范畴(杨东,2020),而且不必区分主体性质,所有主体都可以被认为是金融消费者(方平,2010)。证券投资者作为一个法律语词,对其概念的界定是研究证券投资者保护问题的起点。

关于平等原则和差别对待问题,近乎所有的文献都认为"平等"就是"等同",但是在某些方面的等同可能带来其他方面的不平等。面对这种窘境,明智的学者已经认识到了平等的核心是"合理的差别对待"(德沃金,2008)。进一步地,罗尔斯(1980)强调"同等情况同等对待,不同情况区别对待"。因此,从这个角度看,对不同类型的证券投资者施以差异化的保护是实现社会实质正义之必需。

投资者适当性制度可以看做是证券投资者差异化保护制度的"初级阶段"。关于证券投资者适当性制度,其发源于美国行业组织自律规范中(Norman S. Poser，2011)，我国证券市场在改革创新过程中逐渐引入，并在《证券法》中最终得到确认。理论上针对整个证券期货市场的投资者适当性制度已然初具规模，学者主要针对投资者适当性制度在理论和实践层面进行比较研究并提出自己的理解。翟艳(2013)、张付标(2014)等对投资者适当性制度的界定、法律性质等基本问题进行了研究。侯幼萍和程红星(2010)就境外金融产品投资中投资方的适当性制度进行分析后认为应从法律层面明确客户适当性制度，界定适当性的内涵。武俊桥(2010)通过境外投资者适当性制度的起源和发展归纳了适当性原则的内涵，包括合理根据适当性规则、数量适当性规则和投资者特定适当性规则。赵晓钧(2011)认为应当通过增加法律条文的方式使得适当性之概念、原则和法律责任被纳入证券法律的框架。蔺捷(2013)、董新义(2011)等从比较法的角度，对国外投资者适当性制度进行了介绍，并结合我国的实际情况提出了借鉴思路和建议；还有学者针对证券投资者适当性民事责任的问题展开研究(陈洁，2011；胡伟，2013)。投资者是否应当受到适当性理论的保护，需要对投资者进行差异化分析，因此投资者适当性制度的相关研究可以为研究证券投资者差异化保护问题提供制度基础。

针对证券投资者的分类问题，理论研究以合格投资者制度为重点展开。合格投资者制度发端于美国，该制度出发点在于资本市场存在投资者的差别性风险投资需求与政府类别监管的需要(赵玉，2012)。张雅(2016)梳理了美国证券法下合格投资者规则体系，介绍分析美国证监会有关合格投资者制度改革的最新建议，在此基础上，梳理分析我国现行法律规则下的合格投资者制度体系，并对我国合格投资者制度存在的问题及改革的路径提出针对性建议。段瑞旗、田村笃(2020)围绕日本的特定投资者制度，介绍了日本市场在销售金融产品和签订合同时对投资者的分类以及对中国的启示。在合格投资者的具体认定标准问题上，梁清华(2015)指出，我国合格投资者的立法虽然规定了法定条件,但缺乏统一、科学的操作标准。完善我国合格投资者制度需要借鉴美国和英国的经验,科学设定统一的合格投资者标准。邢会强(2018)将我国的"合格投资者"制度与美国的"获许投资者"相对应,指出美国的"获许投资者"制度存在一些弊端与争议,而且也正在启动相关议案程序拟修改相关标准,其建议我国新三板市场中的"合格投资者"制度应朝着"理性投资者"制度方向进行改革,既要考察投资者的风险承受能力,又要考察其风险认知能力。张异冉(2020)以新三板市场合格投资者的改革为例,认为当前降低了认定自然人为合格投资者的严格程度,但仍存在标准缺乏多样性的问题。其建议参考美国的成熟经验,基于提供更多规则选项、确保标准可操作性、维持适当合格投资者规模的原则,优化当前标准并增设新的标准。蒋英燕(2016)、孙当如(2015)、陈颖健(2018)、吴艳梅(2018)、李敏(2018)等学者则分别就股权众筹、区域性股权市场、私募基金、互联网金融等领域的合格投资者制度进行了研究,就投资者的分类、具体的分类标准等问题提出了有行业针对性的建议。

针对证券投资者保护的路径和模式选择问题,张艳(2019)构建了投资者受保护需求和制度供给的二维动态关系模型,指出应关注投资者的异质性,细化个人投资者分类,依不同保护需求提供差异化保护。在信息披露对证券投资者的保护路径问题上,邢会强(2018)指出,建立在"有效市场假说"和"理性假设"基础上的传统信息披露理论与制度坚持"愈多愈好"的理念,但会产生信息超载的问题,因此有必要对传统信息披露理论与制度加以改革,要求披露的信息简练、通俗,有实质内容,并与投资者的理解能力和认知水平相适应。马辉(2015)也指出过多的信息披露造成投资者的信息超载,但是其建议对投资者的保护可以转向"父爱主义"对行为人决策自由的限制,其中限制投资者自由应以恢复决策理性为导向。孙莉等(2019)对投资者阅读 IPO 招股说明书信息披露的情况进行了问卷调查,分析结果显示,个人投资者在 IPO 招股说明书的阅读程度、对招股说明书各部分内容相对重要性的判断、对"软信息"在投资决策中的影响、对改进信息披露的形式与流程需求等方面,均不同于机构投资者。因此建议建立需求导向的信息供给机制,信息披露应适应投资者的差异性需求。在监管保护投资者的问题上,洪艳蓉(2015)指出,采用设置融资准入门槛的投资者保护机制,是建立在监管者全能和监管资源无限的基础上的,但是这种无差别保护的理念与证券市场实践不符,其从公共管理的视角出发,认为应当建立全民参与的投资者保护机制。石超(2019)认为传统监管主导型的保护在金融危机反思中凸显,而行为监管理念与我国"持股行权"的私法保护实践,提供了一种专业化保护的制度设计思路,认为从"监管主导"走向"社会保护"能够在规范之内给予证券投资者最高限度且最具实效性的权益保护。

过度滥用"父爱主义"在理论和实践中饱受诟病,因为过度保护与专制主义之间的界限难以界分,而且会浪费资源导致效率低下,因此"父爱主义"应该以温和、审慎的方式施行(郭春镇,2013)。在行政管理中,根据法律保留原则和比例原则,有学者建议法律"父爱主义"应进行限缩,从而化解行政管理中的困境(禹竹蕊,2017)。崔丽(2013)也认为应防范"超"法律家长主义的问题,充分保障当事人适度的自主选择权和个体选择权,权衡具体适用的社会整体效果。唐应茂(2019)指出我国证券监管中存在着非常浓厚的"父爱主义"色彩,这不仅缺乏存在的理由,而且带来了忽略信息披露责任、中介责任不清等问题。证券法应强调注册制背后所反映的以信息披露为中心、减少政府干预、减少政府管制、发挥市场主体(如律师)作用原则,避免父爱监管带来的逆向选择问题。郑彧(2015)也认为,证券监管应该更重视监管政策对于市场公平的有效性,市场主体如何博弈及其博弈的最后结果都应该交由市场本身自行决定。这些文献和研究为从多个角度思考证券投资者保护的差异化路径问题提供了思路和基础。

一直以来,证券投资者都被认为属于市场中的弱势群体。胡玉鸿(2008)将所谓"弱者"分为心理上的弱者、生理上的弱者、能力上的弱者、机会上的弱者、境遇上的弱者等几大类型。李昌麒(2004)从经济法和社会法的视角进行考察,对弱势群体的概念作了界定,提出以社会法构建弱势群体保障性法律制度和以经济法构造弱势群体发展性法律保护制度的构想。应飞虎(2007)也以消费者等经济法视野中的弱势群体为对象,认为经济法实践应重视弱势群体内部存在的多种维度的差异,并考虑应通过主体细分以实行区别对待。同时,也有学者认为社会心理弱势化趋向已经成为一个新的社会问题(徐王蕾、魏荣,2015;赵中源,2011),对于证券投资者弱势心理的泛化也值得思考。关于对证券投资者的权利倾斜性配置,应飞虎(2006)、吴飞飞(2013)等指出对权利进行倾斜性配置是保护弱势主体一方利益、彰显法的实质正义价值的惯用性方法。张璐(2016)指出弱者法律保护有其限度,一是"目的—手段"限制,二是法律手段本身的限制。吴宁(2004)认为对社会弱势群体以"权利"为立足点的关怀和保护是人类特有的道德法则,也是制度理性之重要表现。同时,在权利义务的具体分配问题上,吴飞飞(2014)指出权利的倾斜性配置因缺乏主体间长期的历史性博弈,容易产生被配置权利空置化、交易量减少、损害最差者利益与道德风险等制度积弊,因此建议可以转向对强者责任的倾斜性配置,达到保护弱者利益与尊重主体行为自治二元协调的制度效果。彭定光(2002)指出权利的分配应遵循对等原则,其内涵是权利和义务对等的原则及付出与获得对等的原则。易小明(2006)也指出正义作为"相同者同等对待"和"不同者差等对待"的统一,它的实现是以对等原则为中介的。因此,研究证券投资者的权利义务分配,不仅需要考虑倾斜性保护投资者的问题,还应将权利倾斜性配置的原则、限度、权利义务具体配置等问题涵括在内。

针对证券投资者民事救济的问题,目前,相关研究主要是集中在民事救济、证券诉讼形式、赔偿方式与实现,随着证券交易市场和品种的发展,关于债券市场、期货市场等领域的投资者保护也有相对全面的研究。刘俊海(2003)指出,立法者应当扭转重行(刑)轻民的思维定势,重视证券侵权民事救济的重要作用。刘珂(2015)以证券投资者民事赔偿救济为中心,对救济方式、救济程序、非诉救济等问题进行了研究。雷桂森(2015)以证券侵权救济为研究对象,对证券侵权救济的功能、方式和群体诉讼制度展开了研究。杨峰(2007)、任自力(2008)、罗斌(2011)对我国证券侵权群体诉讼、集团诉讼的问题进行了专门研究,其思路一般是以证券侵权民事诉讼制度的弊端为出发点,并以美国集团诉讼等制度为借鉴,提出完善建议。冯果、刘怿(2020)就债券市场投资者司法救济的问题进行了研究,认为债券纠纷的恰当处理直接关系投资者权益保护和金融市场的整体稳定,不仅要考虑个体纠纷的妥善解决,还要着眼于群体性权利受损的整体救济。在赔偿证券投资者的问题上,陈洁(2017)研究了证券民事赔偿责任优先原则,认为要从制度文本到司法实践都实现民事赔偿责任优先原则的突破,需要尽快完善相应的程序性保障规范并辅之以必要的配套实施机制,尤其是要建立行政罚款、刑事罚金的暂缓入库制度以及财政回拨制度。在先行赔付问题上,刘裕辉、沈梁军(2017),段丙华(2017),巩海滨、王旭(2018),汪金钺(2020)等认为先行赔付制度可以有效保护投资者、引导证券市场信用的构建、降低权利救济成本,可以运用行政性基金来保障先行赔付的实现,同时注意科学认定和划分基本损害赔偿关系中的内部责任,平衡投资者保护与市场风险自负理念。徐强胜(2016)研究了我国证券投资补偿基金制度,认为中国证监会推动违法行为人设立投资者利益补偿基金,是符合我国司法供给有限情况下满足股民权利保护需求的一种制度创新。针对证券投资者损害赔偿的具体计算问题,当前对虚假陈述民事赔偿数额的研究较为丰富,对内幕交易、操纵市场等问题的研究也较为普遍。甘培忠、彭运鹏(2014)以系统性风险的认定为核心,讨论了证券虚假陈述民事赔偿中如何认定系统性风险的问题。尤婧、顾文达

(2017)以"万福生科"先行赔付案为例,研究了证券虚假陈述民事赔偿责任中的损失认定和计算规则,认为根据个案不同情况去选择与之相适应的最合理的计算方法,是最大程度保护投资者权益的必要安排。张春丽(2018)研究了证券欺诈赔偿责任的理论构成与制度完善,以美国证券欺诈责任与赔偿的范式为镜鉴,为我国投资者救济问题的解决提供了制度框架。王蕊、回懿(2019)以实证研究的方式,对当前证券虚假陈述民事责任追究的现状和法律问题进行了研究。针对证券投资者损害赔偿的纠纷解决问题,诉讼是目前解决证券纠纷的主要方式,梁平、陈焘(2013)研究了证券纠纷非诉讼解决方式的整体性构建,认为基于"有限司法"理念、证券纠纷的专业性以及非诉讼解纷机制的优势,应着重完善仲裁和调解等非诉讼机制。郭伟清(2019)等从多元化解证券期货纠纷协调对接机制的价值和特点出发,分析和研究其现状和存在的问题,借鉴境外相关经验,从而提出针对诉调对接机制的完善建议。李盛缘(2016)对证券纠纷的仲裁解决问题进行了研究,强调仲裁规则的效率性价值。沈伟、靳思远(2020)则以证券纠纷调解机制为内容,指出调解是以非诉方式解决证券期货纠纷的重要途径,在借鉴其他国家和地区证券期货纠纷调解机制发展的基础之上,结合我国现状和《证券法》的规定,提出了相应完善路径。这些都为研究证券投资者损害赔偿救济的差异化问题提供了研究基础。

差异化原理被认为是经济法学的重要原理之一,在证券法律制度关于信息披露的研究中也日益受到关注。张守文(2013)指出,经济法主体地位、企业规模与实力、市场主体获得信息能力、经济实力等都存在差异,这些差异是法律产生、发展、变迁、调整的前提和基础,是制度设计和理论展开的重要基础。在证券法的研究中,"差异化"问题在信息披露制度中的研究越来越受到重视,徐聪(2011)界定了差异化信息披露的概念、理论基础、现实意义,并对我国当下实行差异化信息披露的必要性和可行性进行分析;蒋辉宇(2009)、宋晓光(2012)也论证了差异化信息披露的制度意义,并提出针对不同质量上市公司的差异化制度安排;杨淦(2015)、葛其明(2019)也就上市公司差异化信息披露的问题进行了整体性、专门性的研究。在专题性的研究文献之外,一些学者在论述其他问题时也略有涉及差异化信息披露的问题,尤其是赵立新、黄燕铭(2013)、程茂军(2015)等认为上市公司信息披露的体系不仅需要强调差异化,更要以投资者信息需求为导向。同时,近来理论上主张法律思维应适当地向类型化思维转换,以在抽象与具体之间找到权衡(王美舒,2019);赵万一(2013)也认为证券投资者保护需要"类型化",也就是从"一揽子保护"到"分类保护",为本书研究提供了类型化的研究思路。

　　总的来看,当前关于证券投资者保护的研究较为丰富,但是关于投资者差异化保护问题的研究尚付阙如。虽然差异化原理在法学基础理论、经济法学研究以及证券法个别领域研究中已有适用,但是在投资者保护法律研究领域,鲜有论者用差异化的思路来分析投资者保护的问题。因此,在完善证券市场法律制度和加强证券投资者保护的大背景下,本书将立足于现有制度和前人研究作进一步的深化研究。

三、研究内容与研究方法

　　本书以证券投资者差异化保护的法律问题为研究对象,意在解决以下问题:

　　首先,在证券投资者保护的理论基础方面,意在将差异化原理汇于其中。当前我国证券投资者保护法律制度的理论研究和制度建设皆已初具规模,但是却忽略了证券市场的复杂情况,没有对证券投资者的复杂类型予以关照,也没有区分不同证券市场中投资者保护的差异化问题,在不同市场主体之间,也未实质性地分析不同主体的交易能力关系。因此明确证券投资者差异化保护以平等保护为前提,是一种"合理区别对待"的实质平等观,是面向证券市场不对称现实的实质公平观,是对证券投资者适度保护问题的思考。

其次,对证券投资者差异化保护应以投资者的归类为前提。我国证券投资者分类制度集中于关于投资者适当性、合格投资者制度的研究和讨论。通过对境外证券投资者分类制度的研究,总结出关于投资者分类的制度逻辑。检视我国关于证券投资者分类的制度规则,可以发现我国证券投资者分类制度中存在的问题。在此基础上,有针对性地提出分类和完善建议,以建立科学的、动态化、符合市场和投资者实际的投资者分类制度。

再次,通过考察证券投资者保护的路径演进,可以总结投资者保护进程的演进规律,并总结其中的问题。同时,从我国证券市场实际出发,研究在对投资者保护的过程中,是否产生了一些问题和矛盾,这将直接影响证券投资者保护的进程推进和效果实现。针对不同类型投资者的受保护需求不同,匹配以不同的投资者保护路径,在保护力度和保护方式上作差异化的制度安排,可能是一种更为有效的路径。

此外,一直以来,法律对证券投资者的保护表现为一种特殊保护和倾斜性保护,主要通过权利倾斜性配置的方式来实现。本书分析了权利倾斜性配置的基本原理,以及对证券投资者倾斜保护的原因。同时,反思在此过程中,极可能对投资者自身和义务相对方产生的反效果。因此,需要对证券投资者权利义务配置的模式作以修正,研究在向证券投资者配置权利时遵循的基本原则,并根据不同证券投资者的权利行使能力差异、具体权利内容差异,作出权利支持或权利限制的差异化制度安排。

最后,针对证券投资者民事救济的问题,证券市场中投资者的合法权益易受市场侵权行为损害,赋予其救济权具有重要的现实意义。当前证券投资者民事救济机制存在一些共性原理,但是却忽视了其中的差异因素。从宏观、中观和微观的不同视角,分析证券投资者民事救济中的差异性原理,并为完善我国的投资者民事救济机制提出相应建议。

本书在研究过程中,主要采用以下研究方法:

1. 规范研究为主,实证研究为辅。本书将证券市场的投资者分类、市场分层、投资者保护法律制度结构等方面进行规范研究,发现与分析我国证券投资者保护中的实践问题和法律研究之不足,并得出改进及完善的意见。

2. 比较研究和案例研究相结合。本书将主要借鉴美国、英国、日本证券投资者保护法律制度,研究相关理论、经验和案例,多维度、多角度探索投资者保护法律制度完善的路径,从而对我国投资者差异化保护制度的完善提出建议。

3. 系统科学与跨学科研究。本书将以法学研究为主,同时利用经济学、行为金融学等多学科知识,系统研究证券投资者保护法律制度、证券市场监管等问题,针对性地研究投资者差异化保护的问题,探索并构建适合我国证券市场发展实践的多维度法律制度体系。

四、创新与不足

本书的创新之处在于:(1)以投资者保护的一般理论为基础,关注投资者保护上升为法律制度后"谦抑"的一面,不是狭隘地理解投资者保护,而是正视不同证券投资者、不同证券市场等维度的差异性问题,以差异化思路进行推演和制度设计。(2)将差异化原理与投资者保护法律制度相结合,提出证券投资者差异化保护的命题,在平等保护投资者的基础上,还关注对投资者的适度保护、均衡保护,平衡"买者自负"与"卖者有责"之间的关系,认为应当由对投资者的"一揽子保护"向"差异化保护"演进。(3)在《证券法》对普通投资者和专业投资者的"二分法"基础上,增加了适格交易对手这一投资者类型,并在此"三分法"的基础上进行保护路径、权利义务配置的安排。(4)除了证券投资者保护的一些共性问题之外,还关注不同类型投资者在理性程度、风险承受能力、受保护需求、信息处理能力、权利行使能力和权利维护能力等多方面的差异,也研究了不同投资者保护路径的作用互补,还特别分析了证券投资者民事救济中多维度的差异因素。(5)提出应当制定一部专门的《证券投资者保护条例》,并将前述证券投资者差异化保护的理念和制度安排加以落实,可以提高对证券投资者保护的质与效。

但同时,本书还存在以下几方面的不足:一是缺乏对实践情况与相关案例的研究实证。二是参考文献的相对局限。笔者收集了英美国家的相关文献,未对日韩和法德等国家和地区的投资者保护制度进行充分的比较分析。三是研究方法仍相对欠缺。本书已经在法学基础研究之外,结合了行为金融学、金融学等学科的研究,但是未进行有效和充分的实证研究,在一定程度上可能会影响研究结论的精确性和适用性。对此,笔者将会对证券投资者差异化保护的问题持续关注,并充实研究基础和研究方法。

第一章　证券投资者差异化
保护的基本原理

　　一直以来，建立行之有效的投资者保护机制，切实维护、保障投资者合法权益是理论和实践中共同的改革旨趣。但是证券投资者这一概念本身需要进行类型化的分析，现实中不同证券市场的交易规则和监管秩序、不同证券产品的风险因素、不同证券投资者的交易能力和权利维护能力等方面，都存在着差异，但当前证券投资者保护的理论和实践往往忽略了这些差异因素。当下，证券投资者保护的理念已经成为一种共识。但是一个被忽视的问题是，证券投资者之间的"异质性"明显，如果法律制度不能提供有针对性的差异化保护，那么形式意义是大于实质意义的。

第一节　证券投资者差异化保护的
理论基础

　　证券投资者作为一个法律语词，具有特殊的内涵和独立性的价值。对证券投资者保护的理论研究由来已久,代理理论、信息不对称理论、弱者保护理论阐释了保护投资者的理论意涵。同时,证券投资者本身是一个类型复杂的概念,行为金融理论、风险偏好理论奠定了投资者差异化保护的理论基础。

一、证券投资者的范畴界定

证券投资者作为一个法律语词,对其概念的界定是研究证券投资者保护问题的起点。诚然,金融消费者概念与证券投资者之间产生了一定的关联性,但是二者之间区别明显,证券投资者应当是一个独立的概念。

(一)证券投资者的基本概念

"投资者"是从金融学视角、从融资方的交易对手视角而作的描述,只要从事投资活动者皆可称之为投资者。作为一个法律语词,通说认为证券投资者是指通过短期或者长期的证券投资行为,以获取利息、股息或者资本收益为目的而买入证券的机构或者个人。[①]

从立法的角度看,"证券投资者"是证券法律制度重要且基本的主体要素,也是《证券法》中的重要概念,但是未作出具体的法律界定。法律文本中以"投资者""客户""投资人"的不同称谓形式出现。《证券法》第1条中规定"保护投资者的合法权益",第六章规定为"投资者保护",第八章"证券公司"中提出证券公司不得挪用客户资金或擅自为客户买卖证券等行为义务要求;2013年12月国务院办公厅颁布的《关于进一步加强资本市场中小投资者合法权益保护工作的意见》中限定为"中小投资者";投资者保护机构在不同场合谈及投资者保护议题,也是轮番适用"个人投资者""中小投资者"等说法,无统一的称谓。中国自1988年《证券法》出台到2005年、2019年《证券法》的修订,一直都存在着证

---

① 参见中国证券业协会:《金融市场基础知识》,中国财政经济出版社2019年版,第90—101页。

券范围"应窄或应宽"的激烈争议。①当前证券市场交易类型和方式不断更新,这是中国证券市场繁荣发展的重要特征之一,但也正是在这种前提下,一个抽象意义上的"投资者"就可能处于市场变动布局的各种证券交易中。

(二)金融消费者与证券投资者的关系之争

传统意义上的投资者一般是指证券投资者或资本市场投资者,随着金融市场的发展,投资对象范围从证券领域向所有金融产品扩展,投资者成为各类"金融产品"的购买者和使用者的统称。②因此,"金融消费者"概念与证券投资者之间产生了一定的关联性,③一般对研究"金融消费者""金融消费者保护"的要务之一就是要界分证券投资者与金融消费者之间的关系。证券投资者保护问题的研究亦是如此。对于"投资者"与"金融消费者"两个概念之间的关系、证券市场投资者是否应当纳入金融消费者范畴等问题,理论上存在着广泛争议,主要形成了独立并存说、部分交叉说、金融消费者完全说的观点。

(1)持独立并存说的基本观点是证券投资者与金融消费者是相互独立的两个范畴,只是在论证角度和分类标准方面存在不同。有学者将投资中的不同行为区分开来,认为在券商处购买"金融服务"者,可以被视为金融消费者;但是在发行人处投资的是"投资产品",属于证券投资者。④有学者从我国资本市场分业经营、分业监管的现实情况出发,认为金融消费者接受的金融服务不限于证券交易,还涉及银行服务、保险产品等,只要证券产品没有完全实现向金融产品的转变,金融消费者

---

① 唐有良:《投资者保护与金融消费者保护之辨析》,《证券法律评论》2017 年第 4 期。
② 廖凡:《金融消费者的概念和范围:一个比较法的视角》,《环球法律评论》2012 年第 4 期。
③ 叶林:《金融消费者的独特内容——法律和政策的多重选择》,《河南大学学报(社会科学版)》2012 年第 5 期。
④ 刘迎霜:《我国金融消费者权益保护路径探析——兼论对美国金融监管改革中金融消费者保护的借鉴》,《现代法学》2011 年第 3 期。

的内涵与外延就不能涵盖所有的证券投资者,便不可能在《证券法》中采用金融消费者来代替投资者。①还有学者指出二者是在不同法律关系中的概念,在讨论与被投资者或者上市公司的关系时,采用投资者的术语;在讨论与金融服务商的关系时,使用金融消费者的术语。②(2)部分交叉说的观点认为,二者在概念上有交叉,部分证券投资者应当被纳入金融消费者的范畴,同时也有彼此不能涵盖的范畴。根据主体的法律属性,可以将投资者分为个人投资者和机构投资者,其中所有的自然人投资者都属于金融消费者,机构投资者才是证券投资者;③在此基础上,也有学者进一步指出那些购买高风险投资产品的自然人不应属于金融消费者的范畴,④而非专业投资者或者大众投资者逐渐与消费者融合,实现了从"投资者到金融消费者的角色嬗变"。⑤还有学者从个体的主观目的角度,认为部分投资者应界定为金融消费者,另一部分以投资为业的投资者不宜界定为金融消费者。⑥(3)持金融消费者完全说的观点对金融消费者概念的认定范围最广,认为应建立统一的金融消费者主体结构,银行业的存款人、保险业的投保人是当然的金融消费者,证券业的专业金融投资者和一般金融投资者也属于金融消费者的范畴,⑦而且不必区分主体的法律属性,机构投资者等非自然人投资者也可以被纳入金融消费者的范围。⑧

---

① 冯果:《投资者保护法律制度完善研究》,《证券法苑》2014 年第 1 期。
② 叶林:《金融消费者的独特内容——法律和政策的多重选择》,《河南大学学报(社会科学版)》2012 年第 5 期。
③ 彭真明、殷鑫:《论金融消费者知情权的法律保护》,《法商研究》2011 年第 5 期;郭丹:《金融消费者之法律界定》,《学术交流》2010 年第 8 期。
④ 于春敏:《金融消费者的法律界定》,《上海财经大学学报》2010 年第 4 期;李明奎:《制度变迁视角下金融消费者保护机制刍议》,《法律适用》2011 年第 1 期。
⑤ 陈洁:《投资者到金融消费者的角色嬗变》,《法学研究》2011 年第 5 期。
⑥ 邢会强:《金融消费者的法律定义》,《北方法学》2014 年第 5 期。
⑦ 杨东:《论金融消费者概念界定》,《法学家》2014 年第 5 期。
⑧ 方平:《我国金融消费者权益保护立法相关问题研究》,《上海金融》2010 年第 7 期。

（三）证券投资者的范畴界定

应当承认的是，无论如何界定和区分证券投资者和金融消费者，其目的都是对这一部分弱势交易主体提供倾斜性的保护，都是对信息不对称问题的矫正。但是，对证券投资者或者金融消费者的范围界定，并非只是一个理论推演的问题，而是一个与市场实践、监管体制不可分离看待的问题。在国际范围内，对证券投资者是否属于金融消费者存在三种不同体例：其一，应 2008 年金融危机而生的美国《多德—弗兰克法案》建立了专门的金融消费者保护局（Bureau of Consumer Financial Protection，BCFP），金融消费者保护局的职能范围是有限的，证券投资类的服务监管就不在其职责之内（保险行业的相关服务或产品也不被视为金融产品），[1]因此所谓金融消费者保护法律全部都是关于银行信贷、储蓄产品的规则，不涉及证券投资服务。其二，英国《金融服务与市场法案》中规定证券投资者也能得到金融服务法的保护，欧盟《金融市场工具指令》（MiFID）也明确将证券投资服务规定为规制对象。[2]其三，针对银行、保险机构的客户称为"消费者"，但对于证券机构的客户却称之为"投资者"。世界银行 2012 年颁布的《金融消费者保护的良好经验》中，对银行业和保险业的规范称为"消费者保护制度"（consumer protection institutions），但在证券业中却是"投资者保护制度"（investor protection institutions）。[3]

对证券投资者和金融消费者范围的不同处理方式，并非对证券投资是否具有"金融"属性的不同认识，而是由于综合监管和分业监管的

---

[1]　参见 Section 1002(15)(c)，title X。

[2]　See Section A of Annex of MiFID.

[3]　在 2017 年世界银行新颁布的《金融消费保护的良好经验（2017 版）》第四章中，将证券投资者的保护统一称为"消费者保护"（consumer protection）。参见世界银行：《金融消费者保护的良好经验》，中国人民银行金融消费权益保护局译，中国金融出版社 2013 年版。

影响。美国式立法例的原因是有关证券投资服务的活动属于美国证券交易委员会(SEC)监管,不将其纳入 BCFP 的权限之中,是为了理清各自的权力和监管范围。英国《金融服务与市场法案》中大一统的金融消费者概念,与其跨行业整合的监管机构、统一的监管规则不可分割。两种不同的处理方式,体现了综合监管和分业监管体制的深刻影响。因此,讨论我国证券投资者与金融消费者的概念和范围时,不仅要从理论上注重相关概念内涵和外延的科学性,还要与证券市场的实践和现实情况相符合。

就我国的现实情况而言,在传统的分业经营背景下,证券市场中惯用的"投资者"一词可以较好地适用,但是银行业的"存款人"和保险业的"投保人"等称谓,似乎已经不能全面涵盖各自行业的客户,因此才有金融消费者概念的甚嚣尘上。尽管混业经营趋势愈发明显,但是《证券法》的调整范围、证券产品的本质属性都并未完全混业化,因此像英国那样以"大一统"的金融消费者概念来涵盖证券投资者并不具有现实基础。

因此,本书所研究的证券投资者,是指在证券市场上从事证券投资活动,享有证券投资收益并承担投资风险的机构或者自然人。这一概念包括三重含义:一是从事证券投资活动;二是享受投资收益的同时承担投资风险;三是投资者可以是个人,也可以是机构。其中证券投资活动包括直接购买股票、债券、证券投资基金份额等证券产品,以及通过接受证券投资服务而购买证券产品的行为;证券投资服务包括证券经纪、证券交易、证券投资咨询等辅助性服务和基金产品、证券经营机构集合理财计划等渠道型服务。因此证券投资者不仅不能被金融消费者概念所涵括,而且证券投资者中属于非自然人的那部分投资者、具有营利目的的那部分投资者,其保护职能仍然不是"金融消费者"范畴所能涵括,只能继续由《证券法》、由"证券投资者"来承担。但是辨析投资者与金融消费者的概念、厘清二者的关系,并在可能的情况下借鉴金融消费者理念及既有成果,对研究证券投资者保护的命题无疑还是具有重要意义。

二、证券投资者保护的一般理论

证券投资者保护的理论基础是确保其得到有效保护的前提,缺少正确的理论指导,可能导致实践活动的盲目进行,因此在研究投资者保护的具体问题之前必须明确相应的理论基础。

(一)代理理论

在投资者保护的理论架构上,现代企业制度的观念逐渐建立和完善,在企业盈利增加的同时,基于企业所有和经营分离后而产生的代理问题也逐渐暴露。代理理论最初是由伯利(Berle)和米恩斯(Means)提出,其研究重点在于当企业所有者和经营者之间存在利益冲突和信息不对称的情况下,何种机制能够有效激励被代理人。代理理论认为,当所有权与控制权分离时,控制权集中在少数人手中,可以降低代理成本,提升公司价值。但是由于信息不对称和个人效用最大化的假设,代理人并不总是最大化委托人的利益,经理人偏离所有者利益最大化的目标,进而成为导致投资者利益受损的根源,必然带来"如何保护投资者利益"的问题。

根据传统的代理理论,由于股权高度分散,任何单一股东或股东之集合都无法对公司经营者实施直接控制,公司的控制权也因此被经营者所掌握,股东仅能通过股东大会的形式对公司的重大经营管理决策进行间接控制。当经营者的利益与股东的利益产生冲突时,经营者极有可能选择实施损害股东利益的行为,以实现自身利益最大化。该理论主要是针对英美国家大量存在的以股权分散为特征的上市公司而构建的一种分析框架。然而,我国上市公司的股权结构与英美国家不同,企业的股权结构呈现出相对集中或高度集中的特点。在这种情况下,少数股东(大股东或控股股东)实际上掌握着公司的控制权,通过在董事会中占有多数席位或一票否决权,对经理层的投资经营决策具有绝对的控制能力。此时,投资者与经营者之间的利益冲突可能并不突出,反而在中小股东和控股股东之间产生了新的代理问题。

无论是股权高度分散时投资者与经营者之间的代理问题,抑或股权高度集中时投资者与控股股东之间的代理问题,外部投资者的利益都存在不同程度的遭受侵害的可能性。尤其是中小投资者,他们无法通过正常渠道获得影响其投资决策的公司重要信息,其投资利益必然成为一种边缘利益,无法受到足够重视,甚至可能成为经营者或控股股东追逐自身利益的牺牲品。由此可见,关于投资者利益保护的理论主要源于代理理论的发展,加强证券市场投资者利益的保护是委托代理发挥其应有功效的必然要求。在此基础上,理论上还衍生出"委托代理理论""契约自由理论""外部干涉理论"等旨在保护投资者利益的具体理论和制度。①

(二) 信息不对称理论

从经济学的角度看,投资者保护问题的根源是委托代理问题,《公司法》立法就是围绕如何降低代理成本展开的。但是在证券市场领域,比代理成本更突出的是信息不对称的普遍存在。

所谓信息不对称,是指在市场经济活动中,交易各方所拥有的信息不对等。处于信息优势地位的一方,占有更多的与商品或服务相关的信息,而信息劣势方不完全掌握交易信息的质和量,这在证券市场上尤为明显。证券投资者参与证券投资以及整个市场运行过程中,在证券发行者与投资者之间、证券监管部门与投资者之间,以及不同投资者之间都存着不同程度的信息不对称。第一,在我国证券市场,证券发行者与投资者之间的信息不对称现象较为严重,证券发行者对自身经营情况和营利情况等,当然地比一般投资者了解得更为详细、全面和准确;

---

① 叶林等:《证券市场投资者保护条例立法研究》,载郭文英、徐明主编:《投服研究》2018 年第 1 辑,第 157 页。

投资者只能通过发行人或证券经营机构公开披露的资料来获取信息，且投资者可能无法有效理解公告中的重要信息。第二，在投资者与监管部门之间也存在着信息不对称，我国证券监管部门作为证券市场法律、法规等政策的制定者，比投资者具有明显的政策信息优势，且证券监管部门发布的监管规则和业务规范，往往会对上市公司或证券经营机构业务产生影响，进而影响投资者的决策。①当政策信息优势转化为少数"消息灵通者"的个人优势时，将会使投资者权益造成损害。第三，在不同投资者之间，尤其是机构投资者与个人投资者之间，存在着更为明显的信息不对称。对机构投资者来说，他们的资金实力一般更为雄厚、信息渠道更广泛，能够比一般投资者更快、更多、更准确地获取有关信息，在证券市场中具有信息优势。个人投资者在这个信息博弈的过程中就处于非常不利的地位，证券可能被错误定价，进而破坏证券市场的有效性，这也是我国证券市场呈现"投机市"的重要原因之一。

证券市场的信息不对称使得市场参与者之间利益失衡，公司管理层、控股股东会对投资者采取掠夺（expropriation）或掏空（tunneling）行为，证券公司、资产管理机构等能够利用专业优势、信息优势损害投资者利益，上市公司、实力雄厚的控股股东、证券中介机构会以紊乱或失真的市场信息，给投资者带来欺诈发行、虚假陈述、市场操纵等形式的损害，有违公平、公正的原则以及市场配置资源的效率。因此，证券法之立意，即在于保护投资者免受信息优势者的操纵和损害。②

（三）弱者保护理论

弱势群体近来在各个领域都有出现。从成因上看，既有由于自身体能的孱弱而形成的弱者，又有基于政治、经济等原因而形成的弱者；从数量上看，弱势群体既可能是多数人，也可能是少数人；从存在形态

---

① 沈冰：《我国证券市场信息不对称探讨》，《商业研究》2006 年第 2 期。

② Zingales L. The Future of Securities Regulation[J]. Journal of Accounting Research，2009，47(2)：391—425.

看,既可以是有内在组织性的,也可以是松散的。在理论上,弱势群体引起了社会学、法学等学科共同的关注,各个学科的学者也从不同的角度对社会弱势群体进行了理论概括。①法律对弱者的保护,是国家适应多样化生活需要、追求实质公平的结果。

在证券市场上,一般而言,证券投资者相较证券经营机构处于天然的弱势地位。鉴于证券投资者的弱势地位,国际证监会组织(IOSCO)将"保护投资者"作为证券监管的三大目标之一。法律对证券投资者的保护,是实质公平的要求,证券投资者在信息、资金、专业知识等方面处于弱势,因此需要加以倾斜保护、谋求实质公平,这也是维护证券市场稳定、促进社会经济全面发展的需要。②

三、证券投资者差异化保护的基本原理

"差异"本身具有普遍性、客观性、多样性、相对性的基本特征,对于证券市场法律制度而言,差异也是普遍存在的。传统民商法对法律主体的一个重要假设,是认为不同主体之间在经济实力、理解能力、交易能力等方面都不存在差别,因此是"平等"主体之间的法律关系,即"均质性假设"。当前一系列民商法律规范都是建立在这种"平等"的基础上进行设计和发展起来的。但是在证券市场上,不同证券投资者的认知能力、理性程度等相差甚远,在进行投资决策时对待风险的态度也各有偏好,加诸资本市场多维度、多层次化发展,使得不同证券市场、投资不同证券产品的不同投资者主体之间存在差异。因此,在证券投资者保护的问题上,差异化也是一个需要特别考虑的问题。

---

① 参见陈成文:《社会学视野中的社会弱者》,《湖南师范大学社会科学学报》1999年第2期;胡玉鸿:《"弱者"之类型:一项法社会学的考察》,《江苏行政学院学报》2008年第3期;余少祥:《法律语境中弱势群体概念构建分析》,《中国法学》2009年第3期。
② 参见赵万一:《证券市场投资者利益保护法律制度研究》,法律出版社2013年版,第16—17页。

（一）证券投资者的复杂分类

法律科学一般是以"抽象化＋涵摄"的概念思维,将对象特征进行累积、排列和组合,来抽象出某一对象的概念,近来理论上主张法律思维应适当地向类型化思维转换,以在抽象与具体之间找到权衡。[①]对于证券投资者而言,其类型化的过程是建立在证券市场实践中投资者的分类现实基础之上的:成熟市场在投资者分类制度上已经走得很远,它们通过区分不同类型的投资者来实施不同程度的保护,而不同时期、不同国家、不同场域以不同的标准对投资者分类的称谓和内涵并不相同。

根据证券投资者的身份不同,可以分为个人投资者和机构投资者,这是我国投资者分类的主要标准。一般认为,我国证券市场是"散户市场",其原因即在于证券市场上从事证券投资的自然人比例极高。这些自然人投资者数量众多且分散,一般资金实力和抗风险能力都较低。机构投资者是专门从事证券投资活动的法人机构,其投资资金有的是自有资金,有的是从个人投资者处筹资而来。机构投资者的内涵丰富,不仅证券公司、保险公司等属于机构投资者,一些福利基金、养老基金等实力和抗风险性较强的资产管理机构也属于该列。

根据投资者的判断能力或成熟度不同,又有专业投资者和普通投资者之分。我国证监会 2016 年公布的《证券期货投资者适当性管理办法》第 7 条将投资者分为普通投资者和专业投资者,《证券法》第 89 条也根据财产状况、金融资产状况、投资知识和经验、专业能力等因素,认定那些能力较强的投资者为专业投资者,其他投资者为普通投资者。

根据证券投资者持有证券的数量和规模大小,可以分为大户和散户;[②]以维权能力为标准,投资者可以分为中小投资者以及其他投资者。"中小投资者"实际上是一个概括性的政策概念,因为在立法上尚

---

① 王美舒:《类型思维下的金融消费者:从语词认识到裁判逻辑》,《法律科学（西北政法大学学报）》2019 年第 2 期。

② 靳长河:《现代证券论》,山东大学出版社 1993 年版,第 130、131 页。

未形成关于"中小投资者"的统一概念,这种分类的目的是给"中小投资者"提供倾斜性保护。①

对证券投资者进行类型化区分具有积极作用,也正是因为证券投资者的复杂类型,才使得证券投资者保护这一命题不能僵化和平面化,而是应理性地回应这一复杂现实,作出差异化的制度安排。

(二)投资者行为理论

金融理论由古典阶段向现代金融理论发展的过程中,产生了传统金融理论的两大假说,即"有效市场"假说和"理性投资者"假说。其中理性投资者假说是指假定在有效的市场中,金融市场的投资者都是理性的,其可以依据市场信息进行正确决策,并且投资行为和决策都能够实现主观预期效用的最大化,即都符合"经济人"的特征,理性投资者是现代金融监管的重点,②有学者指出金融监管主要保护的就是理性投资者。③从具体法律制度来看,理性投资者也可以作为具体证券法律制度标准设定的基准,比如在判断是否构成"误导性陈述"型的虚假陈述时,判断某一陈述是否具有误导性,应当以一个"理性投资者"对该陈述的理解为基准。④

但是随着金融理论研究的深入和发展,这种基于"投资者理性"假设的金融经济理论,与现实中证券市场的发展实践之间差距越来越大。由此,行为金融理论逐渐兴起。行为金融理论对有效市场假说和理性投资者假说都提出了重大挑战,其中投资者行为理论对该假设的质疑

---

① 叶林等:《证券市场投资者保护条例立法研究》,载郭文英、徐明主编:《投服研究》2018 年第 1 辑,第 157 页。

② Margaret V. Sachs, Materiality and Social Change: The Case for Replacing "the Reasonable Investor" with "the Least Sophisticated Investor" in Inefficient Markets, Tulane Law Review, Vol.81, pp.473—508, 2006.

③ David A. Hoffman, The Duty to be a Rational Shareholder, Minnesota Law Review, Vol.90, p.537, 2006.

④ 叶金强:《私法中理性人标准之构建》,《法学研究》2015 年第 1 期。

更为根本。

投资者行为理论将对投资者的假定由"理性人"回归到了"行为人",是对传统金融理论的修正。投资者行为理论认为证券投资者真实的投资决策过程不是完全理性的,而是存在认知偏差,投资者的情绪、性格和心理等主观因素都会影响投资者的决策,诸如偏见、歧视、嫉妒等心理因素都会干扰投资者偏离理性决策。针对投资者个体性行为,不同证券投资者会表现出不同程度的过度自信(overconfidence)、对市场信息反应过度(overreaction)或反应不足(underreaction)、损失厌恶;而对于投资者群体而言,投资者行为理论研究认为投资者还会出现羊群效应、处置效应等非理性行为。

在投资者有限理性的现实情况下,证券投资者行为会呈现出明显的异质化特征。投资者行为的异质性对证券投资者保护制度提出了差异化的需求,是投资者保护制度差异化的必然原因,也是有针对性的投资者保护制度的研究基础。

(三)投资者风险偏好理论

风险偏好理论研究的是决策者进行不同决策行为时对待风险的态度。当不同的投资者面对风险不确定的证券投资时,因为资金实力、认知能力和信息处理能力的差异性,所以在对待风险时会持有不同的心理态度。这就导致在相同预期目标下,不同风险偏好的投资者能够容忍和接受的风险程度不同,一般将风险偏好分为风险喜好、风险厌恶和风险中性三种类型。因此,不同风险偏好的投资者,会体现出明显的差异性。

在理论研究方面,风险偏好理论的研究主要集中于预期效用理论和前景理论。预期效用理论是指投资者在进行投资决策时,会追求自身效用的最大化;前景理论认为,证券投资者进行投资决策时的风险偏好不是一成不变的,会随着情况的变化而变化。在此情况下,大部分投资者在面对收益的前景时会表现出风险厌恶;当前景是损失时,则呈现出愿意继续亏损也不愿意将损失变现的风险喜好；当投资者不能预测前景时，对证券市场不太熟悉的投资者往往会在心理上增加收益的决策权重，经验丰富的投资者决策权重更符合客观实际，投资行为也更趋于理性。

因此，不同投资者之间，在资金和市场信息的运用能力和依赖程度上有很大的差异性，前景预期不同时也会表现出不同程度的理性或非理性，如果无法为不同特质的投资者提供针对性保护，那么投资者保护的法律制度可能是形式意义大于实质价值的。

第二节　证券投资者差异化保护的现实基础

当下，证券投资者保护的理念已经成为一种共识。对"投资者"的分析范式和结论，基本都归于"弱者"需要加强保护。从现实情况来看，《证券法》新设了"投资者保护"专章、强化了投资者适当性管理，在既有投资者保护制度建设基础之上，对证券投资者施以差异化保护，有利于提高证券投资者保护工作的针对性和有效性，提高监管效率和市场资源配置效率，具有重要的现实意义。

一、证券投资者差异化保护的现实需求

从现实情况来看，复杂的投资者类型需要理性回应，不同投资者的保护需求也存在差异，多层次资本市场的建设需要差异化的投资者保护体系与之相匹配，这为证券投资者差异化法律制度的建设提出了现实需求。

（一）复杂的投资者类型需要理性回应

证券投资者保护法律制度的设置，不能脱离证券市场投资者弱势地位的基本背景，但也不能脱离投资者主体类型化的现实语境。证券投资者作为一个法律语词，通说认为是指通过短期或者长期的证券投资行为，以获取利息、股息或者资本收益为目的而买入证券的机

构或者个人。①近来,理论上主张法律思维应适当地向类型化思维转换,以在抽象与具体之间找到权衡。②不同时期、不同国家、不同场域、不同标准下,对投资者分类的称谓和内涵并不相同,如机构投资者和个人投资者,稳健型、激进型和温和型投资者,长期投资者和短期投资者,大户和散户,③"成熟投资者"和"无经验投资者",以及《证券法》中"普通投资者"和"专业投资者"的分类,都无不表明对证券投资者进行分类的重要作用。而证券投资者的类型化给证券投资者保护法律制度套上了"缰绳",使其应理性地回应复杂的投资者类型。

一方面,不同类型的证券投资者在信息获得、信息处理、专业能力、经济能力等方面存在差异,④因此对某些类型投资者的保护措施,可能构成对其他类型投资者的行为限制。以合格投资者制度为例,在证券市场创新背景下创设和发展起来的合格投资者制度,以资金实力、投资经验等为标准,对特定的金融创新产品、特定的证券市场设置交易门槛,将部分弱势投资者拒之门外,以实现对弱势投资者的前置性保护。⑤但现实存在一些风险承受能力高、资金实力等不足的投资者类型,合格投资者制度使他们丧失了公平的投资机会,而会造成"小投资者歧视"。⑥此外,不同证券投资者在市场上所居的优势地位不同,"证券投资者保护的权益主体是投资者,尤其是股份公司的中小投资者,而

---

① 参见证券业从业人员资格考试研究中心编著:《金融市场基础知识》,中国金融出版社 2017 年版,第 90—101 页。

② 王美舒:《类型思维下的金融消费者:从语词认识到裁判逻辑》,《法律科学(西北政法大学学报)》2019 年第 2 期。

③ 靳长河:《现代证券论》,山东大学出版社 1993 年版,第 130—131 页。

④ 武长海、涂晟:《互联网金融监管基础理论研究》,中国政法大学出版社 2016 年版,第 42—44 页。

⑤ 参见赵晓钧:《欧盟〈金融工具市场指令〉中的投资者适当性》,《证券市场导报》2011 年第 6 期。

⑥ 曾洋:《资者适当性制度:解读、比较与评析》,《南京大学学报(社会科学版)》2012 年第 2 期。

不是保护占支配地位的控股股东",①因此,虽然作为一个整体的证券
投资者是弱势的,但是对其进行类型化的分析,就要理性看待和反思证
券投资者的整体化和同质化保护进程。

另一方面,如果一味地强调证券投资者保护,可能会引发"弱势"投
资者对"强势"主体的绑架,模糊对弱者保护和过分纵容之间的界限;也
可能会使强势者采取对策,反而使保护投资者目标落空。如美国的证
券集团诉讼制度,该制度对保护中小投资者、维护证券市场秩序起到了
积极作用,但是上市公司一方认为证券集团诉讼所"威胁"的巨额损害
赔偿金,导致大量的扰诉、滥诉(frivolous suits);而且在联邦法院提起
的所有集体诉讼中,证券集团诉讼占了将近一半,证券集团诉讼占据了
不成比例的司法时间和注意力。②除此之外,美国的证券集团诉讼和解
机制和董事责任保险机制,给予集团诉讼律师过度的激励,而且纵容了
被告公司管理者,使投资者在"公司管理者和集团律师的默契中被出
卖",③反而使保护证券投资者的目的落空。因此,从这个方面看,以保
护弱势投资者为要旨的具体制度,实施过程中的"度"实则需要把握,对
证券投资者的倾斜保护——如给予投资者维权的最大化便利等机制,
如果超过必要的限度,便不能实现"失败者的正义"。从这个方面看,证
券投资者差异化保护是对投资者弱势地位的理性看待,是由复杂的证
券投资者类型决定的。

(二) 不同投资者受保护需求存在差异化

在证券市场中,市场主体地位的差异、不同投资者资金实力和信息
能力的差异、抵御风险能力的差异、博弈能力的差异,都正在日益引起

---

① 张育军:《投资者保护法律制度》,人民法院出版社 2006 年版,第 87 页。
② Amanda M. Rose, The Reasonable Investor of Federal Securities Law: Insights from Tort Law's Reasonable Person & Suggested Reforms, Journal of Corporation Law, Vol.43, Issue 1(Fall 2017), pp.77—118.
③ 郭雳:《美国证券集团诉讼的制度反思》,《北大法律评论》2009 年第 2 辑。

人们的关注。传统民法是以私主体的均质性为前提,当前证券投资者保护法律制度中的"投资者"(保护对象),实际上是被抽象化了的投资者"主体资格",而非指代市场实践中正在活跃着的、多样化的、具体的投资者。证券投资者保护法律制度作为一种制度供给应该"量需而供",即证券投资者的保护模式、保护内容等制度供给都应与不同类型的证券投资者的保护需求相匹配。以类型化的证券投资者为现实基础,证券投资者保护法律制度也应作出一些差异化的制度安排,适应证券投资者主体的个性化保护需求差异。

对于证券投资者保护法律制度而言,如果法律以更高理性的投资者为期望标准,法律规则得以普遍遵守的结果,是使法律保护成为一种稀缺资源,证券投资者保护法律制度实则退化成为"聪明人"的避险工具;而如果将一些低理性或非理性投资者作为基准,虽然能在最大程度上保护所有证券投资者的所有非理性行为,但证券法律制度又将异化为"父爱主义"泛滥的保护工具。当证券投资者保护理念上升到法律制度层面,其已经内化为大多数投资者、大多数市场主体的一套行为准则,因此其保护对象应当最起码能够反映整个证券市场的"投资者影像"。因此,证券投资者保护应当从对投资者美好的、单一的保护论,转向一个对异质性证券投资者更真实、更多元的差异化保护路径。

(三)促进多层次资本市场发展的需要

资本市场本身就具有多层次的特点,随着市场结构越来越复杂,投资者越来越多样化,市场的多层次特征也正在不断自我表现,这是我国建设多层次资本市场的前提。①20 世纪 90 年代中期以来,随着中小企业群体在国民经济发展中地位的日益显现并受到广泛关注和重视,沪深交易所市场构成的单一层次市场结构已经无法有效满足中小企业的资本市场需求,因此"多层次"的命题得以提出,并对建立多层次资本市

---

① 周小川:《资本市场的多层次特性》,《金融市场研究》2013 年第 8 期。

场问题达成共识。①

　　多层次资本市场的一个功能在于对不同风险水平的筹资者和不同风险偏好的投资者进行分类和匹配。对于融资主体而言,市场分层对于企业而言是设置了一个筛选机制,将企业按规模、盈利等代表自身质量特征的指标进行分层,那些优质企业可以进入"高层次"市场,那些不符合要求的企业则在"低层次"市场发行和交易,以满足不同企业的融资需求。②对于投资者而言,各异的投资偏好和需求,恰恰是在证券市场上交易达成的原因。以机构投资者和个人投资者之间的差异为例:前者一般采投资组合的方式,因为资金实力雄厚,所以不管是高风险市场产品还是稳定的债券产品,都可以进行选择和分散投资;但是个人投资者一般信息渠道有限、资金实力不允许,因此其选择范围较窄,而且选择那些稳定、成熟、风险低的证券或上市公司进行投资,是更为稳妥和谨慎的选择。也就是说,在多层次资本市场的体系下,不同投资实力、投资需求的投资者可以各就其位,较为准确地定位拟投资的证券;而且多层次资本市场也让投资者有了更多的选择和组合空间,可以满足差异化的投资需求,提高投资者投资精确程度。③

　　从这个角度看,差异化的投资者对资本市场分层提出了买方需求,投资者差异化的特征是要求市场分层的必然原因。同时,我国多层次资本市场的建设不仅体现在市场纵向层次结构上,还应体现在准入、交易、信息披露、监管等制度的差异性和多层次性上。④因此,多层次资本市场也需要"多层次的投资者",在投资者准入市场、信息披露等方面都

---

① 阙紫康:《多层次资本市场发展的理论与经验》,上海交通大学出版社 2007 年版,第4—10 页。

② 徐凯:《资本市场分层的理论逻辑与效应检验:基于中国新三板市场的分析》,《金融经济学研究》2018 年第 2 期。

③ 冯燕妮、沈沛龙:《我国多层次资本市场体系研究》,《经济问题》2020 年第 10 期。

④ 万国华:《我国 OTC 市场准入与监管制度研究:基于非上市公司治理视角》,人民出版社 2012 年版,第 203—205 页。

作出相应差异化的安排。在这个意义上，市场分层制度对投资者保护法律制度提出了更高的要求，因此证券投资者保护法律制度从实然层面和应然层面看，都应当强调其差异化的面向。

二、证券投资者差异化保护的现实意义

（一）差异化保护对证券投资者的意义

根据投资者行为理论和投资者风险偏好理论的分析可以发现，对于不同风险属性的证券产品，不同投资者的理性程度和风险承受能力存在区别，即使针对同一证券产品，不同投资者的交易能力也存在差异性。基于此，为提高证券投资者保护工作的针对性和有效性，应当为各类投资者提供相应适当的保护，因此需要作出差异化的制度安排。

因此，在证券投资者差异化保护的法律制度体系下，根据投资者理性程度和风险承受能力的不同，根据其参与的证券投资风险不同，通过将投资者分类，对其提供不同路径、不同程度的保护，可以满足各类投资者的保护需求。对于那些交易能力较强的专业投资者，这些投资者本身并不需要补足其交易能力，因为其可以进行自主投资并承担风险，而且还可以允许这些投资者进入风险更高、交易更复杂的证券市场进行交易，[1]不对其提供像保护证券市场中的"未成年人"一样的保护，反而可以节约其交易成本，提高投资效率。对于那些交易能力较低或理性程度更低的投资者，在高风险证券市场上，其将处于更为明显的弱势地位，此时法律制度可以禁止不符合市场要求的投资者进入，仅允许交易能力强或风险承受能力强的投资者进入；而在低风险市场中，可以为投资者提供特别保护，如此既可以保护这部分弱势投资者，又能够稳定不同层次市场的交易秩序和交易安全。

---

[1]　参见洪艳蓉：《公共管理视野下的证券投资者保护》，《厦门大学学报（哲学社会科学版）》2015 年第 3 期。

(二) 差异化保护对证券监管效率的意义

对于证券监管部门而言,证券监管需要在保护投资者、促进市场效率和降低系统性风险方面寻得平衡。通过市场分层和投资者分类,可以将不同风险程度的市场相对区隔开来,将具有不同风险收益特征的证券放在不同的市场里进行交易,为不同风险偏好和风险承受能力的投资者提供不同的市场选择,这体现了政府导向的"限制风险"与市场导向的"买者自负"两大监管原则的有机结合,对于提高监管效率意义重大。

证券监管部门对不同的投资者提供差异化保护,可以获得更高的监管质效。因为一般而言,证券监管在保护证券投资者的同时,促进证券市场发展并维护证券经营机构的合法利益,往往会陷入两难。①但是通过对证券投资者提供差异化保护,可以有针对性地为不同类型投资者施以保护理念,在高风险证券市场中,对那些可能不能承受风险的投资者施以特殊关照;②在普通证券市场中,则进行有针对性的甄别,根据不同投资者交易能力和理性程度的不同,制定差异化的监管策略,有助于提高市场效率,促进市场发展。证券监管部门借助差异化的保护措施和监管理念,可以进一步有效地细分市场,将证券监管资源分配到更有需要的地方,由此,既能充分保护投资者,又能提升监管效果。

(三) 差异化保护对市场资源配置效率的意义

投资者是证券市场资金的供应源,是市场存在和运行的坚实基础。之所以需要对投资者利益进行保护,其中一个重要原因即在于保护证券投资者是资本市场稳定发展的前提,通过保护投资者可以维持投资者信心,实现公司价值最大化,提高市场资源配置效率,进而促进证券市场发展和经济增长。

---

① 参见杨东:《金融消费者保护统合法论》,法律出版社 2013 年版,第 88 页。
② 参见颜凌云:《金融投资者差异化保护制度研究》,法律出版社 2018 年版,第 80—85 页。

　　证券投资者保护有助于提振投资者信心,保证投资者参与市场的广度和深度。面对丰富的证券产品和复杂的证券结构,不同证券投资者所具备的金融知识参差不齐,相对显得贫乏。"不对称"在证券市场乃至各个领域都普遍存在,可以说证券投资者的这种弱势地位是相对稳定的,投资者保护法律制度可以保护弱势的投资者,但是并不能将弱势群体变为强势群体。因此,通过法律的力量对投资者进行特殊保护,在相应的制度安排中考虑到投资者的差异化现实,则可以维护投资者对证券市场的信心。

　　同时,投资者保护法律制度作为证券市场的上层建筑,其不能从根本上改变市场信息不对称的结构。保护证券投资者与证券市场秩序、证券市场资源配置效率之间是一种正向循环。对投资者的差异化保护是对投资者整体的进一步关照,是有针对性的保护,这使得差异化保护投资者被赋予了公共利益的价值。一方面,证券投资者数量的攀升,使投资者利益已经演化成一种极其广泛的主体利益,如果不能保障各种类型投资者的利益,社会公共利益在一定程度上也会受到损害。另一方面,证券市场作为一个配置资源的重心,投资者的资金在此得以聚集,再向融资主体、各种行业转移,资源配置的高效率也会促进实体经济的增长。

三、我国证券投资者差异化保护的制度基础

　　差异的根源在于同一,如果没有了一致性,差异也就没有了存在和比较的前提。因此,证券投资者保护的差异化制度首先是建立在既有的投资者保护制度体系之上的。在证券投资者保护问题上,差异性原理也并非没有得以运用,在实践中产生和发展的投资者适当性制度,可以看作是证券投资者差异化保护制度的"初级阶段",为构建更成熟、完整的证券投资者差异化保护制度奠定了基础。

　　(一)我国证券投资者保护法律制度的整体性建设

　　关于证券投资者保护的制度体系问题,存在着不同的分类和看法。

有的将之划分为标准的投资者保护制度(市场、法律和管制)和替代性投资者保护制度,[1]有学者从法律部门的制度供给角度分为公司法、证券法、诉讼法等多领域的制度安排,有学者从参与主体的角度分为投资者、自律机关、立法机关、行政机关、法院和社会公众的保护机制,[2]有学者指出投资者保护需要政府监督、市场自律、投资者权益主张的"三足鼎立",[3]缺一足则证券投资者保护工作即为倾倒,这些都从不同方面展现了投资者保护的诸多侧重。

笔者认为,法律制度的基本范畴和精神内核是以"权利保护—权力制约"为中心展开的,以此为基础,证券投资者保护的主要机制可以分为公权力保护、市场力保护和私权利保护三种机制类型。

其一,公权力是国家所具有包括立法权、行政权和司法权在内的公共强制力的总称,证券投资者的公权力保护机制也主要由立法保护、行政保护和司法保护构成。在立法层面,公司法中对股东权利的规定、证券法对证券市场违法行为的打击、诉讼法给投资者私人诉讼提供的法律基础等制度安排,都体现了对证券投资者保护问题的重视。在执法层面,证券投资者的执法保护实际上是证券监管机构以行政监管的方式作出的,通过设立市场准入、加强日常监管、建立信息披露制度、严格执法与处罚等,来履行好证券市场的"警察"角色。司法保护是指国家司法机关通过司法制度维护投资者权利和利益的保护制度。通过建立相应的民事、刑事、行政诉讼程序,最高人民法院、最高人民检察院也发布了系列司法解释和相关会议纪要,惩戒证券市场违法行为,维护投资者合法权益,实现权益的救济,可以说司法保护是证券投资者权益救济的最后手段。

---

① 计小青、曹啸:《标准的投资者保护制度和替代性投资者保护制度——一个概念性分析框架》,《金融研究》2008 年第 3 期。

② 张育军:《投资者保护法律制度研究》,人民法院出版社 2006 年版,第 139—142 页。

③ 参见陈春山:《企业管控与投资人保护》,元照出版公司 2000 年版。

其二,市场主体对投资者保护的"市场力"是更为有力的补充。其中自律组织保护是证券投资者保护的重要市场力,证券交易所等自律组织通过完善规则、实时监督、强化教育等多种形式,在维护交易市场规范发展的同时,实现投资者保护的目标。一些证券市场中介机构凭借其中立性和专业性,可以在其自身营利过程中顺带实现投资者保护的结果;还可以通过广泛的社会监督机制,通过媒体舆论、市场参与者的声誉影响"软约束",来弥补证券投资者的信息劣势,也可以实现投资者保护。

其三,在一个运作良好的证券市场法律制度中,私人主体在法律实施中可以且应当发挥一定作用,[1]证券投资者私力保护是一种自我保护机制,其内涵在于,投资者可以通过行使私权利来维护其合法权益:一方面,投资者可以以积极的股东身份行使防御性权利,通过持股行权参与公司治理以及用脚投票维护自身的投资自由;另一方面,当投资者权利受到损害时,可以积极行使救济性权利,通过多元化的纠纷解决机制、证券民事诉讼等形式来最大限度地维护其合法权益。

数据显示,投资者对上市公司质量、投资者权益保护的满意度持续上升,投资者金融素养有所提升,进而改善了投资者的投资决策行为。[2]总结当前投资者保护制度及机制的具体落实,可以说我国投资者保护的制度供给已经日渐充实,也取得了积极的实际效果。

---

[1] LLSV 通过对比 49 个国家和地区的投资者保护指标和证券市场发展水平,指出几乎没有证据表明证券公权执法(Public Enforcement)使证券市场直接受益,而便利投资者的私人诉讼(Private Enforcement)却更有利于证券市场发展。See La Porta, Rafael and Lopez de Silanes, Florencio and Shleifer, Andrei, What Works in Securities Laws? July 16, 2003.

[2] 参见中国证券投资者保护基金有限责任公司:《2019 年度证券投资者保护制度评价报告》,http://www.sipf.com.cn/dcpj/zxgz/2020/05/13001.shtml,2020 年 6 月 20 日访问。

（二）投资者适当性制度：证券投资者差异化保护的初级阶段

在证券投资者保护制度建设过程中，投资者适当性制度可以看作是证券投资者差异化保护制度的"初级阶段"，为更成熟、完整的证券投资者差异化保护制度奠定了制度基础。

投资者适当性制度是现代金融服务的一项基本要求，并非我国的本土制度，而是由成熟证券市场在保护证券投资者权益和规范市场中的实践传来。一般认为，投资者适当性制度是证券经营机构根据自身评估标准，在与投资者进行销售行为过程中，对投资者的投资能力是否与销售的产品相匹配的合理判断。[1]在有的场合，投资者适当性制度也被称为"投资者适当性原则"或"适当性要求"。

一直以来，我国的证券投资者适当性制度基本零星分散在各项证券监管的法律规范之中，创业板市场、新三板市场、私募基金、互联网金融等领域都对各自市场范围内的投资者适当性问题进行了规定。[2]直到《证券期货投资者适当性管理办法》（以下简称《适当性管理办法》）的颁布和施行，成为我国证券期货市场的投资者适当性基础性规则。随着证券市场的快速发展，我国证券投资者适当性制度也逐渐体系化、法制化，可以说已经发展成为我国证券市场的一项基础制度，在保护投资者、促进证券经营机构内部治理完善、防范和减少市场风险、促进金融创新等方面都有其积极意义。[3]

比较证券投资者差异化保护制度和投资者适当性制度之间的关

---

[1] Norman S. Poser. Liability of broker-dealer for unsuitable recommendations to institutional investors. Brigham Young University Law Review，1493(2001).

[2] 如 2007 年 10 月，证监会出台了《证券投资基金销售适用性指导意见》，该意见中首次提出建立证券基金投资者适当性规则；2009 年，证监会出台了《创业板市场投资者适当性管理暂行规定》（现已废止），对投资者进入创业板市场进行合格性审查；2013 年 12 月，全国中小企业股份转让系统有限公司也颁布了《全国中小企业股份转让系统投资者适当性管理细则》，规定了新三板市场的合格投资者要求。

[3] 井漫：《投资者适当性制度构建：国际经验与本土选择》，《西南金融》2020 年第 4 期。

系,二者具有一定程度的共性要素:两种制度都需要在差异化原理的指导下进行制度构建,而且制度目标都在于保护证券投资者。从投资者适当性制度的内容来看,差异化思路贯穿始终,差异性原理是投资者适当性制度中一项未言但明的基本原理。首先,投资者适当性制度的重要特征、重要环节之一就是投资者的分类,并且在此基础上,对不同类型的投资者匹配不同的产品、适用不同的规则。其次,证券期货交易中产品和法律关系都更为复杂,不同证券产品之间差别明显,而投资者群体的资金实力、信息处理能力、风险偏好等问题也都各不相同,因此应当匹配不同的证券产品。最后,金融产品或服务应当与客户的财政状况、投资目标、风险承受水平、投资知识和经验等相匹配,将投资经验欠缺或者风险承受能力不足的个人投资者排除在风险较高的金融产品之外,换句话说,投资者适当性原则就是要解决"什么样的人能投资什么样的产品",在投资者与产品之间建立一种对应关系。证券经营机构遵循此三项基本原则的过程,实际上就是对证券投资者分类、对证券产品分类、不同类型的投资者和产品之间进行匹配的过程,而这种"分类—匹配"的方式是差异化原理的具体运用。

　　但二者之间也存在着明显的区别。首先,从主体上看,投资者适当性制度着眼于证券投资者与证券经营机构之间的交易关系,义务主体指向证券经营机构。但是证券投资者差异化保护制度不仅强调证券经营机构的适当性义务,还关注证券投资者本身、证券监管机构、证券投资者保护机构、司法机关等主体在此过程中的行为制度安排。而且投资者适当性制度更多的是为了实现对普通投资者的照拂,证券投资者的差异化保护制度不仅关注普通投资者,还是以证券市场的全体证券投资者为制度起点的。其次,从内容上看,虽然投资者适当性制度和证券投资者差异化保护制度都关注投资者、证券投资产品的差异化问题,但是前者关注的是证券交易的"事前"阶段,证券投资者差异化保护制度关注的则是投资者保护问题的事前、事中到事后的全过程。证券投资者差异化保护制度的差异化意涵更丰富,投资者主体的差异化和证券产品的多样性只是其基础性的一部分,投资者适当性制度强调只是"产品与投资者相匹配",差异化的保护制度还要求关照投资者保护模式、保护制度设计与投资者受保护的需求相匹配。最后,从结果上看,投资者适当性制度的健全与完善,其核心和首要目标是为了有效保护证券投资者,理论上认为投资者适当性制度是为了平衡证券市场上"买者自负"的适用之不适宜,因而强调"卖者有责"。而证券投资者的差异化保护制度不仅强调"卖者有责",而且强调"买者自负",因此其目的不仅在于对证券投资者的有效保护,还在于对投资者的适度保护,要追求证券投资者保护与证券市场融资效率、与市场监管资源、与证券市场其他主体之间的利益平衡。

综合来看,投资者适当性制度属于证券投资者差异化保护制度下的"子制度",投资者适当性制度试图解决证券投资者在市场准入阶段的差异化保护,通过对普通投资者保护的倾斜和对专业投资者保护的宽免对比体现差异化,但是完整的证券投资者差异化保护制度尚不止于此。因此投资者适当性制度可以看作是差异化保护制度建设中的"初级阶段",投资者适当性制度可以作为一项辅助制度,来构建完整的证券投资者差异化保护制度。

第三节　证券投资者差异化保护制度的内涵

证券投资者差异化保护制度是投资者保护制度的升级形态,其以投资者的类型化为基础,根据不同证券投资者受保护的需求不同,供给相应的投资者保护制度,其核心思想是对不同证券投资者提供差异化的保护,既保证投资者获得适度保护,又最大限度避免其他资源的浪费和对其他主体利益的侵蚀。理解证券投资者差异化保护的内涵,需要从前提、标准、内容和结果四个方面作以分析和阐释。

一、以平等保护为前提

（一）平等原则与合理区别对待的内涵

论者在谈到平等问题时，几乎都将"相同""等同"表述为平等的一个基本义项。如在《辞海》里，"平等就是人人能享有相同的权利"；《牛津法律大辞典》认为平等是"人或事物的地位完全处于同一标准或水平，都被同样对待"。①这种对"等"的过分强调，似乎有意或无意地忽略了"平"这一主观的评价维度。

德沃金在平等概念中引进了公正的概念，在遵循平等原则的同时，要公正地照顾并考虑不同利益主体的冲突，做到"同等情况同等对待，不同情况区别对待"。因此，平等概念存在形式平等与实质平等之分，前者一般是指"绝对、机械"的平等，后者则指"合理的区别对待"。②若将平等限定于法律语境内，形式平等一般是指法律的平等适用，司法机关、执法机关在解释、适用、执行法律时依法办事，一视同仁；实质平等则要求法律的制定和实施过程排除不当区别，追求实质的正义和公平。

证券投资者差异化保护和投资者平等保护的关系也可以延此逻辑分析，证券投资者平等保护原则是对投资者群体权利义务平等的承认、分配和保护，即平等的平等对待，同样的情况得到同等对待。投资者差异化保护应当以投资者平等保护为基础，没有法律制度对平等保护的制度安排就没有所谓的差异化保护制度；同时，若只强调"同一尺度"下的平等保护，而不关注证券投资者达到心理平衡时利益、权利、义务配置形成的合理的比例关系，也只是徒具形式的投资者保护制度。

（二）平等原则是证券投资者差异化保护的基础

"正义是社会制度的首要价值，正像真理是思想体系的首要价值一样。"③所谓正义和平等，首先是从形式平等开始的，形式平等尚未实

---

① 《牛津法律大辞典》，光明日报出版社 1988 年版，第 303 页。

② 杨解君：《行政法平等原则的局限及其克服》，《江海学刊》2004 年第 5 期。

③ ［美］罗尔斯：《正义论》，何怀宏等译，中国社会科学出版社 1980 年版，第 1—2 页。

现,又何谈实质平等的追求? 投资者保护法律制度的存在亦不例外,因此对投资者的保护至少要保障一种形式上的平等,而不论他们的身份、地位、财富等具体因素,也就是就投资者本质上相同或近似的方面必须一视同仁,形成合理的平等。

对证券投资者权利施以平等保护是证券法律制度的一项重要理念。《民法典》第 4 条规定"民事主体在民事活动中的法律地位一律平等",平等原则也被认为是民商事法律关系中最根本的原则;《证券法》第 4 条规定"证券发行、交易活动的当事人具有平等的法律地位",这也是证券法上公平原则的内涵之一,证券交易主体在市场中处于平等的地位,应平等地分配权利和义务;在《公司法》领域,股东平等原则也是投资者保护中的一项基本原则,是指在公司内部法律关系中,所有股东均按其所持股份的性质、内容和数额享受平等待遇。[①]因此,可以说平等原则渗透于证券投资者保护制度的各个方面。

(三) 证券投资者差异化保护的实质平等观

在证券市场中,作为一个整体的证券投资者,虽然在形式上享有同等的投资权利和机会,处于一种似乎平等的地位,但是因为个体的信息能力、资金实力、维权能力等诸多差异和限制性因素,使得一些"更弱者"无法享受这种形式平等的机会。从这个角度看,对不同类型的证券投资者施以差异化的保护是实现社会实质正义之必需。

强调对证券投资者以平等保护是对证券市场投资者弱势地位的直接回应,其根本要义在于保护投资者,但是这并不意味着绝对的平等,面对证券市场信息的不对称现实和投资者异质性的特征,无视投资者的差异一律同等对待反而是一种不平等。同时,建立在合理差异基础上的区别对待才是正义的,[②]对于可以区别的事物,区别不当或区别对

---

① 李哲松:《韩国公司法》,吴日焕译,中国政法大学出版社 2000 年版,第 223 页。
② 谢治菊:《作为批判的差等正义:依据、内涵与超越》,《中共福建省委党校学报》2015 年第 9 期。

待的方式不当，又可能引发新的不平等。因此，对证券投资者的差异化保护，应避免政策的"差等正义"，①证券投资者差异化保护的目标是缩小差异，这里的缩小差异并非指客观的财富资源、风险承受能力的差异，而是指缩小投资者主体之间的信息不对称程度、提升更弱投资者的保护水平。

综上，证券投资者差异化保护并非对投资者平等保护原则的推翻，而是一种进阶形态。本书所指的对证券投资者差异化的保护有两层内涵：一是要承认不同投资之间在资源禀赋、风险承受能力、理性程度方面的不同差异，二是要根据这种差异进行有差异的对待。这里的差异化对待又有两层含义，其一是因证券市场信息不对称、代理理论等方面的原因，非自身原因形成的弱势投资者就要予以特殊关照；其二是对于因投资决策失误、市场正常风险等原因而形成的结果差异要予以合理的承认，以体现证券交易"买者自负"的要求。在保护投资者的立场上，既需要全面保护各类投资者的规则和制度，也需要设定针对特定类型投资者的保护规则和制度，以达到兼顾投资者保护和行业发展的双重目标。

二、以适度保护为标准

面对投资者保护强化之趋势，在肯定其保护弱者的积极意义的同时，也应立足于市场和投资者实际，理性掌控保护的力度和限度，以免出现过度保护之态。关于"度"的测量从来都不是易事，但是比较直观的是可以对一个制度的效率进行分析。对制度效率考虑的核心问题即是制度成本分析。②对于投资者保护法律制度而言，这是一个包括立法、执法、司法以及社会执行的全过程，可以通过评价其运行效率，来判断投资者保护的适度性问题。

---

① 钟裕民：《公共政策负排斥：特征与类型的探讨》，《行政论坛》2014 年第 6 期。

② 朱华政：《论市场经济的效率价值》，《现代法学》2005 年第 4 期。

(一) 投资者保护法律制度的成本分析

法律在订立及实施过程中将不可避免地耗费一定的成本,制度的成本即"代价",是法律经济学学科的重点研究对象。[1]"法律成本是法律运作整个动态过程所付的代价。"[2]在法律运作过程中,至少需要经过立法、执法和司法三个活动环节,证券投资者保护法律制度作为法律制度之一部,其制度成本也应从这三个方面来分析。

首先,立法成本是立法过程中人、财、物以及时间的付出,[3]这其中包括立法的体制成本、程序成本和监督成本,还有学者指出立法成本可以包括立法的物质成本和立法的精神成本、立法自身工作成本与立法的社会成本等。[4]对于证券投资者保护法律制度而言,以《证券法》为基础,还包括一系列政策、行政法规、自律性规范等法律规范性文件。在制定的过程中,当然地包括搜集资料、调研研究、审议讨论等产生的直接费用,还包括法律规定实施的准备、宣传、解释、传播、投资者教育等阶段的间接费用,这些都涵括到投资者保护法律制度的成本中来。

其次,证券投资者保护法律制度的执法成本,实际上可以转化为对证券市场监管活动成本的考量。证券市场监管成本可以分为直接监管成本和间接监管成本两部分。对于前者,包括证券监管机构在组织、运行、实施监管过程中的成本。[5]对于间接监管成本,一方面,监管对证券行业内在的稳定性可能产生负面作用,因此会出现效率损失,[6]另一方

---

① 杨蓉:《法学研究的新视野:对法律的经济学分析》,《国家检察官学院学报》2001 年第4 期。

② 钱弘道:《法律的经济分析工具》,《法学研究》2004 年第 4 期。

③ 参见冯玉军:《法律的成本效益分析》,兰州大学出版社 2000 年版,第 109 页。

④ 汪全胜:《立法效益研究——以当代中国立法为视角》,中国法制出版社 2003 年版,第 66 页。

⑤ [美]戈登·塔洛克:《对寻租活动的计算》,李政军译,西南财经大学出版社 1999 年版,第 94 页。

⑥ 周延礼:《上海保险监管体系发展规划研究》,中国金融出版社 2004 年版,第 171 页。

面,证券监管可能会带来道德风险,这是因为随着监管强度的提升,市场主体可能为了谋取利益而甘愿冒险,由此也会带来市场效率的损失,滋生无效率的制度安排。[1]

最后,证券法律实施后,整个证券市场都需要遵守法律而支出相应成本,而且在产生纠纷时,需要耗费相当的司法成本。当前以《证券法》《民事诉讼法》以及其他配套性法律文件为依据,已经建立起了包括单独诉讼、集体诉讼、证券代表人诉讼在内的证券民事诉讼体系,在此过程中,为了维持司法机构的运作和保持专业人员队伍而支出的成本以及整个司法活动过程中各司法机关、当事人等投入的资源都属于证券诉讼的司法成本。

（二）投资者保护法律制度的收益分析

法律制度的收益,是指在对权利、义务、责任的调整过程中,促进社会资源的配置,满足法律主体的需要和利益,其不仅包括经济收益,还包括政治收益、社会收益、伦理收益等。[2]法律的收益可以以社会秩序、社会文化、法律实施效率等诸维度进行考察,[3]在某种程度上来说就是法律制度的功能。

在宏观效应方面,投资者保护对证券市场的发展和稳定具有积极作用。一个证券市场上的投资者保护程度越高,则市场信心越高,将会直接提高市场融资效率,进而促进市场的发展。当投资者得到法律的有效保护时,证券市场的发育程度也越高,二者是相辅相成的关系。在市场稳定性方面,投资者保护有效性的提高将有利于市场稳定。如当金融危机爆发时,许多投资者意识到国家制度在投资者保护方面的忽视和制度缺位,会选择退出市场交易,这将使危机加剧。若投资者没有

---

[1]　参见尹海员:《中国证券市场监管均衡与适度性分析》,《重庆大学学报(社会科学版)》2011年第6期。

[2]　沈宗灵:《法理学》,高等教育出版社1994年版,第46页。

[3]　钱弘道:《法律的经济分析工具》,《法学研究》2004年第4期。

得到有效保护,会动摇投资者对市场发展和监管者能力的信心,如此将形成恶性循环。反之,投资者得到有效保护的情况下,一个信息有效、交易规则合理、市场违法行为查处及时的证券市场,才能留住投资者。

在微观效应方面,法律制度对投资者的有效保护可以改善公司治理,提升公司价值。在公司治理问题上,若公司治理结构或内部的制度安排不利于保护投资者,则外部投资者受到"掠夺"的可能性较大,将不愿意投资,在此情况下,公司的股权结构将进一步集中,公司监督和运行效率改善的难度较高。但是若投资者保护的法律制度实施有效,董事、监事等可以实现有效的监督,各司其职,则公司治理有效性将明显提高。对于公司价值的问题,一方面,若外部投资者权益得不到有效保护,投资者极大可能选择"用脚投票",或只愿意支付较低的股权对价,此时公司估值就会下跌;另一方面,公司价值的下降,会直接影响公司内部人员和管理人员的积极性。反之,若法律能对投资者实现有效保护,则公司价值也会得到提升。

(三)证券投资者保护的适度性分析

当前"成本—收益"分析已被广泛应用于立法评估、法律实施、诉讼程序、司法制度等具体问题的分析中。[1]在投资者保护的问题上,也可以通过成本收益的分析来探寻对投资者保护的适度性问题。

从证券投资者保护的成本角度看,成本的大小取决于保护者、被保护者以及市场主体的共同行为。一般来说,证券投资者保护的强度取决于证券市场被监管市场主体和投资者的行为。如果证券市场上违法

---

[1] 王彦明、戴燕:《新时代地方经济立法质量提升路径探讨——以成本效益分析方法的适用为中心》,《兰州学刊》2020年第5期;李曙光、王佐发:《中国破产法实施的法律经济分析》,《政法论坛》2007年第1期;刘煜:《行政滥诉的法经济学分析》,《理论学刊》2020年第4期;孙跃:《案例指导制度的法律经济学分析:现实困境、成因及出路》,《理论月刊》2018年第9期;黄辉:《公司资本制度改革的正当性:基于债权人保护功能的法经济学分析》,《中国法学》2015年第6期。

行为或投资者非理性程度盛行,则需要加大对投资者的保护力度,证券监管的强度也需要增加。随着投资者保护强度的增加,保护成本支出将呈现递增趋势。"一切政府的活动,只要不是妨碍而是帮助和鼓舞个人的努力与发展,那是不厌其多的。"①但是,若对投资者的保护过度,则相应产生的成本和耗费的资源也将过度,此时效率耗损,边际效应递减。

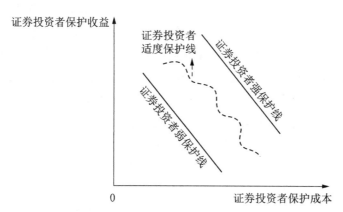

图1　证券投资者保护的适度性分析

在证券市场监管领域,每一个市场主体的监管都应有相应的最优监管强度。同样的,对于证券市场投资者保护而言,对证券投资者的保护也有相应的最优保护力度,若保护过度,则会导致包括立法成本、监管成本等在内的总成本上升,当证券投资者保护成本超过保护收益时,即为保护的过度供给,反之成为保护不足。图1中,"证券投资者强保护线"是对投资者采取全方位立法、高强度监管、高效率司法的"严格保护"。"证券投资者弱保护线"则与"强保护"的情况完全相反,在此情况下,对投资者的保护是一种立法低效、市场监管放松、司法效率低的模

---

① ［英］约翰·密尔:《论自由》,程崇华译,商务印书馆1959年版,第125页。

式。而介乎二者之间的证券投资者保护强度,是"证券投资者适度保护线"。所谓"适度"是指对证券投资者的保护不是完全的、严格的保护,不能完全采用公权力保护取代市场保护和私力保护的作用;同时也不能完全不干预投资者的保护,而是在立法方面制定合宜且恰当的规范,执法公正且不干预市场自治,并能弥补证券市场的信息不对称和投资者弱势地位,达到保护投资者和市场效率之间的平衡。

在图1中,若"证券投资者适度保护线"向右上方移动并接近"证券投资者强保护线",则会导致保护成本上升,但是被保护对象的自我决定能力和相应制度收益降低;如果向左下方移动接近"证券投资者弱保护线",会导致市场的信息不对称加剧,损害证券投资者利益,最终有损证券市场自身发展。同时值得注意的是,证券投资者的适度保护线不是固定不变的,它应当具有动态演化的特征。这种演化受两个因素影响:一是不同的证券市场发展阶段。在不同阶段,对证券投资者保护的水平也会产生变化,证券市场监管偏好会不同。二是证券投资者本身的行为和素质变化,投资者保护的最佳程度要随着这种变化作出相应调整。比如在新兴证券市场中,证券投资者的成熟度有限、非理性程度偏高,此时证券投资者保护的成本就会偏高,投资者保护的适度保护线会向右上方偏移。更重要的是,适度的保护是理想的均衡状态,而不适度却是经常发生。如何适度、合理地保护证券投资者是世界各国证券市场都面临的现实课题。对于中国证券市场而言,制度的惯性常常导致过度监管和市场扭曲,对证券投资者保护法律制度作以成本收益的考察,说明证券投资者保护应当以适度为尺度,有其限度。

三、以均衡保护为内容

利益是法的基础所有的法律,没有不为着社会上某种利益而生,离开利益,即不能有法的观念存在。①法律制度对证券投资者的倾斜保

---

① 参见[日]美浓部达吉:《法之本质》,林纪东译,台湾商务印书馆1993年版,第37页。

护,是对现代证券市场主体结构的制度回应,是对"弱势群体"进行的制度"声援"。但是应当注意的是,利益不仅是法的基础,法也是利益的保障。因此强调证券投资者保护,也必须要考虑到与其他市场主体之间的利益均衡,兼顾投资者保护价值与市场效率之间的价值均衡。

（一）投资者保护与其他市场主体的利益均衡

《证券法》第 1 条开宗明义指出,证券法的宗旨不仅是"保护投资者的合法权益",还为了"规范证券发行和交易行为""维护社会经济秩序和社会公共利益,促进社会主义市场经济的发展"。从《证券法》的立法宗旨来看,证券监管的根本要义在于维护市场秩序,在规范证券市场主体行为的过程中,保护投资者合法权益是兼顾和自然实现的目标之一。法律制度保护证券投资者,是为了留住投资者,最终使证券市场能够持续、健康、稳定的发展,因此,证券立法无疑要保护投资者,但是也应当兼顾其他市场主体的利益,在保护证券投资者的同时,还需要保障自愿参与、自由交易、平等竞争和风险自担的市场环境。①

证券市场上,存在着形形色色的市场主体和证券交易行为,在强调证券投资者保护这一价值的同时,不能偏废市场运行效率,要在促进效率和加强保护之间寻找平衡。这就要求,在赋予投资者权利的同时,还要维持与市场制度、证券经营机构自主经营之间的平衡,将不同主体的权利限制在各自合理范围内,力图实现投资者保护和其他市场主体之间的最优平衡状态。

（二）投资者保护与市场效率的价值均衡

融资功能是资本市场最重要、最核心的功能。若一个市场失去了融资功能,则未必有利于投资者保护,因为投资者的利益要在"投资"中得以实现,如果过度保护而导致融资活动停滞,那么投资者利益最终将

---

① 参见郝旭光:《论证券市场监管的"三公"原则》,《管理现代化》2011 年第 2 期。

会受损,因此强调证券投资者保护也需要兼顾融资便利的双重目标,[①]但如何在二者之间寻求平衡实际并非易事。

从境外实践和资本市场实践趋向来看,证券发行制度设计的关键之一就是力图在投资者保护和融资便利之间取得价值平衡。[②]法律对证券发行方式、发行人数、发行对象、发行审核等方面都作了严格规定,将一些有融资需求的低效率、资质差的企业拒之门外,在一定程度上确实有利于投资者保护。但是大部分中小企业的融资需求难以满足,有违融资公平的基本理念。将这里的价值冲突进行还原,实际上就是投资者保护背后的公平价值和企业融资便利背后的效率价值之间的冲突。实际上,股票发行注册制改革即要求也说明了,市场效率和投资者保护是注册制行进之“双轨”。[③]甚至有学者指出,“在企业融资权利和对投资者保护这两大传统证券法的价值取向之间,注册制首要保证的是促进企业融资,在促进企业融资的前提下以强制信息披露制度实现投资者保护”。[④]当然,保障市场融资功能和证券投资者保护之间,并非两个对立的利益关系。以市场发展和证券投资者保护之间的关系来看,二者是相伴而生的,但也因融资主体的市场融资需求为“因”,所以融资活动需要信息披露等手段进行监管,从而达致投资者保护的“果”。

在证券差异化保护法律制度中,给予证券投资者更多的保护,是为了让证券投资者在处于“弱势”时可以进行自卫,而不是也不应为

---

①　张保红:《论证券非公开发行制度的重构——以投资者规制为中心》,《政治与法律》
　　2015 年第 4 期。

②　参见郭雳:《美国证券私募发行法律问题研究》,北京大学出版社 2004 年版,第 93
　　页;万勇:《美国私募发行证券的转售问题研究——兼论我国非公开发行证券转售制
　　度的构建》,《证券市场导报》2006 年第 9 期。

③　陈晨:《科创板注册制行进之“双轨”:市场效率与投资者保护》,《北方金融》2020 年第
　　2 期。

④　杜晶:《注册制审查的域外实践和理论内涵解析》,《证券法律评论》2015 年卷。

了给市场融资主体设置壁垒,因此法律制度向证券投资者保护价值
的倾斜要兼顾市场融资效率价值,以实现整个证券市场层面的帕累
托最优。

四、以公平保护为结果

在证券市场法律保护制度设计中,协调证券投资者保护和市场发
展需要,是公平和效率这两个价值从背离到统一的过程。[①]如何恰当地
进行制度设计,在保护证券投资者利益的同时最大化市场效率,是证券
投资者保护的法律限度所应思考的问题。因此证券投资者保护法律制
度以保证公平为结果追求,是在面向证券市场不对称现实的实质公平,
在此基础上保证证券投资者的机会公平、过程公平和结果公平。

(一)机会公平

机会公平是指行为主体在进入某一市场时享有平等的机会和权
利。在市场经济下,每个经济活动主体都有独立意志,相互之间不需要
依附,而是个体自由和相互尊重的,这是市场机制赋予不同主体皆有的
起点公平。若不考虑个体之间天然的差异因素,这样的公平机会是有
可能的。但是现实情况是,因为天赋权利的差异,使起点公平本身就是
不可能的,因此市场经济的绝对公平仅是一种可能性,而非现实。在现
代社会风险的复杂性、信息不对称等客观约束之下,对公平原则的理解
应当强调一种实质公平观,即识别并全面考虑不同主体在特定情势下
的不同处境,并作出有区别的安排。[②]

在证券投资者保护法律制度中,机会公平具有谦抑性的面向。证
券市场不得为具有同等能力的投资者设置歧视性条件,但在特定证券
市场或一些高风险证券投资产品,并非对所有证券投资者都敞开大门,

———————————

① 陈寒:《论中小投资者保护制度变迁的价值理念——以美国证券市场为视角》,《生产
力研究》2012 年第 1 期。

② 冯辉:《紧张与调和:作为经济法基本原则的社会利益最大化和实质公平——基于相
关法律文本和问题的分析》,《政治与法律》2016 年第 12 期。

而是设置了一些"准入门槛",通过合格投资者制度来实现对证券投资者的保护。在此姑且不论此种父爱式保护模式的优劣,虽然有可能干预投资者的自由,但是这是证券市场分类监管的效率性思维,将一些高风险市场交给"高级玩家",是保证高风险市场的风险不向低风险市场扩散的安全阀,是平衡市场资源高效配置与投资者公平参与、兼顾效率和公平价值的体现。

（二）过程公平

在证券法律制度中,公平原则作为一项基本原则贯穿证券发行和交易的全过程,其核心要义是证券市场发行和交易,应按照"平等、自愿、有偿"的原则运行,以公平的规则为基础,[1]兼顾机会平等和结果平等的基本要求。[2]但是在市场交易中,因为市场信息不对称的固然存在,作为一个群体的证券投资者实际上处于被动的弱势地位,所以单纯强调市场主体之间的平等地位存在局限,因此法律制度应致力于消除这种实质意义上的不公平状态。

市场经济活动中的公平绝不意味着最终效益的平均分配,也并不能做到对所有人都有利,而是要确定一个变数,用来评价市场交易规则和分配规则等是否合理与价值尺度。[3]过程公平是机会公平的具体落实过程,其基本含义是不同主体在相同规则下的平等权利和义务。不管证券投资者在资金、能力等方面有何差异,在相同的法律条件下,投资者都应该享有平等的权利和待遇。但同时,也都应该服从市场规则和法律规则,如证券法律制度禁止利用信息优势或者资金优势等,实施内幕交易、操纵市场等证券市场违法行为,违法行为主体并不会因为其投资者身份而有滥用权利或置身于法律制度规范之外的特权。法律制度保证证券投资者的过程公平,是使其在交易过程中能有公平的机会

---

[1] 闫厚军:《浅析中国证券市场的公平原则》,《辽宁行政学院学报》2006年第3期。

[2] 张宇润、杨思斌:《论证券法"三公"原则的制度内涵》,《法商研究》2002年第5期。

[3] 张涛:《差异性公平刍议》,《理论导刊》2006年第12期。

实现利益,在程序上保证证券投资者的平等地位,这也是证券法律制度的核心内容。

（三）结果公平

证券市场的有效运行,会带来有益的经济效果和社会效果,因此在机会公平和过程公平之外,证券投资者保护法律制度还要强调结果公平。但结果公平不是让公平绝对化,[1]不是证券交易结果的利益平均,人为地让证券投资者平均分享证券市场发展利益,这种公平不仅不应该存在而且也不可能实现。而是在保证公平参与、公平交易的基础上,"根据主体身份的差异来决定利益和责任的分配,从而达到结果的平等",[2]保证证券市场运行带来的利益能够公平分享,同时投资者也应公平分担证券市场风险和投资决策风险。

避免过度保护而产生的权利滥用和投机盛行的市场"副产品",反而使投资者保护走向证券市场的反面。当前,对"卖者有责"的关注,明显超过了"买者有责"原则的本然地位。在理论上,学者通常都将"买者自负"作为"投资者适当性"制度的一个侧面加以研究,以"卖者有责"作为投资者承担投资损失的前提,且重心一般放在卖者之责上;[3]立法层面,新《证券法》第25条概括提示了"买者自负"的基本理念,[4]但将投资者适当性制度基本上等同于"卖者"的适当性义务,并在立法上得到强化;司法实践中也有裁判以"买者自负"作为衡量具体利益的工具,强

---

[1] 李昌麒、黄茂钦:《公平分享:改革发展成果分享的现代理念》,《社会科学研究》2006年第4期。

[2] 薛克鹏:《经济法的实质正义观及其实现》,《北方法学》2008年第1期。

[3] 参见陈洁:《证券公司违反投资者适当性原则的民事责任》,《证券市场导报》2012年第2期;何颖:《金融交易的适合性原则研究》,《证券市场导报》2010年第2期;曾洋:《投资者适当性制度:解读、比较与评析》,《南京大学学报》2012年第2期;杨为程:《证券交易中"买者自负"原则的检讨与反思》,《江汉论坛》2015年第4期;章辉:《资本市场投资者适当性制度研究》,法律出版社2016年版。

[4] 《证券法》第25条规定,股票依法发行后,发行人经营与收益的变化,由发行人自行负责;由此变化引致的投资风险,由投资者自行负责。

化"卖者有责"的适当性义务是基本的裁判趋向。①但是在证券交易中，"买者自负"原则才是市场参与者的行为准则和基本原则，②因此证券投资者差异化保护的公平结果，意在强调对证券投资者权利的保护不应是绝对的，保护私人利益不应以挤压他人利益和公共利益为前提，而是在公平保护原则的指引下，让"市场的归市场，法律的归法律"。③

①　最高人民法院民事审判第二庭发布的《全国法院民商事审判工作会议纪要》第 72 条规定了卖方机构为投资者参与融资融券、新三板、创业板、科创板、期货等高风险等级投资活动提供服务的过程中，必须履行了解客户、了解产品、将适当的产品（服务）销售（或者提供）给适合的投资者的义务。参见最高人民法院民事审判第二庭：《全国法院民商事审判工作会议纪要理解与适用》，人民法院出版社 2019 年版，第 411—415 页。

②　徐明、卢文道：《证券交易"买者自负"原则的司法适用及法制化初探》，《证券法苑》2011 年第 1 期。

③　陈国进、丁杰、赵向琴：《"好"的不确定性、"坏"的不确定性与股票市场定价——基于中国股市高频数据分析》，《金融研究》2019 年第 7 期。

第二章 证券投资者保护对象的
类型化

类型化是法学研究和制度设计的重要手段。通过对研究对象的类型化分析,可以使之从抽象到具体、从粗糙到细致,对特定领域的事物进行分类。在证券投资者保护的语境下,投资者存在多种形式、类型众多,不同类型的投资者在理性程度、风险偏好等方面存在差别。站在保护投资者的立场上,证券投资者的分类制度可以为"相同条件相同对待、不同条件不同对待"的差异化保护理念提供依据,是投资者差异化保护法律制度的重要前提。

第一节 差异化保护背景下的证券
投资者分类制度

一、证券投资者分类制度的比较研究

对证券投资者的合理分类,是研究证券投资者差异化保护的前提。当前世界范围内主要证券市场都已经建立了证券投资者分类制度,但是不同国家和地区在规定投资者分类制度的规则层级、制度目的和具体分类等问题上尚存在较大差别,在表述和实际外延方面也有区别。

(一) 美国的证券投资者分类制度

在美国证券市场中,并没有一部专门的规则来对投资者进行分类,而是在不同的法案中分散着不同投资者的称谓和不同的分类标准。产生这种局面的原因在于其在不同场合对证券投资者进行分类,基于目的区别、标准的差异,因而没有统一的证券投资者分类。但总结而言,美国的投资者分类制度主要在以下三个场合发挥作用。

其一,美国法项下的投资者分类制度主要是在证券发行环节发挥作用。在一级市场中,向符合特定条件的投资者发行证券者,可以豁免证券发行注册。具体而言,美国证券法规定,若证券发行人针对"获许投资者"(accredited investors)发行证券,则可以对这部分证券豁免注册。这是因为在 Ralston 案中,美国联邦最高法院认为,这些获许投资者有实现自我保护的能力,[①]因此向这些投资者发行证券时不属于公开发行,此时证券可以豁免注册。根据这个理念,美国证监会于 1982

---

① 在 1953 年 SEC v. Ralston Purina Co. 案(以下简称 Ralston 案)中,在 1947 年至 1951 年 Ralston Purina 公司(约有 7000 名员工)未经申报注册,利用邮递方式,累计向其 1000 名员工出售了大约 200 多万美元的库存股票。SEC 对其提起诉讼,认为 Ralston Purina 公司违反了申报注册义务。Ralston Purina 公司则认为自己发行的股票应当获得注册豁免,因为所有的募集对象(应募人)都属于公司的"关键雇员"(key employees)。地区法院与上诉法院都判决被告 Ralston Purina 公司的发行属于私募性质,可以豁免注册,因此并不违反申报注册义务,而联邦最高法院推翻了下级法院的判决,当时联邦最高法院 Clark 大法官认为应以"投资者是否有能力保护自己的权益"作为判断标准,如果出售证券的要约是向公司的高级管理层发出的,就可以援用"私募"的理由从而豁免申请注册,因为这些高级管理人员由于职务关系,有途径接触作出投资决策所必要的信息。Ralston Purina 公司所针对的应募人大多数是电气工、文案助理之类的普通雇员,属于普通投资公众,这种地位决定了他们无法获得作出投资所必要的相关信息,因此需要证券法保护。SEC v. Ralston Purina Co., 346 U.S. 119 (1953).

年发布了"D规章"(Rule D),并在501规则中正式提出了"获许投资者"的概念,该规则以"财产标准"和"关系标准"来进行投资者分类:那些资产、资产净值或者收入超过一定金额的机构或自然人属于获许投资者,那些证券发行人的董事、经理、合伙人等有特殊关系的人,也属于获许投资者。501规则将获许投资者的认定从一般原则进化为明线规则,那些具有财力和能力承担投资风险或有能力自我保护的投资者,不再需要注册程序的保护。1982年以来,关于获许投资者的定义和标准一直没有进行调整,直至金融危机爆发后,人们发现这种变动不居的标准,会使发行人有机会将未经注册的证券出售给实质上不符合标准的投资者。因此,2010年《多德—弗兰克法案》中规定,合格投资者的标准不是一成不变的,美国证监会需要每4年就进行一次标准的评估和修订。[①]

其二,美国证券投资者的分类也用于市场准入的场合,通过将投资者进行分类,将那些不符合要求的投资者排除在特定证券市场之外。如《1933年证券法》《1934年证券交易法》《1940年投资公司法》《1940年投资顾问法》《萨班斯—奥克斯利法案》等美国联邦证券法下,可将成熟投资者或专业投资者分为合格投资者(Accredited Investor,也被译为有信誉投资者[②])、合格机构购买者(Qualified Institutional Buyer)、合格客户(Qualified Client)等,以此对应不同证券市场的准入门槛,配合合格投资者制度甄别能够投资特定市场证券主体的资格。

其三,美国投资者分类的制度价值还在于,可以对不同投资者提供不同程度的"适当性"保护。关于投资者适当性管理的规范,散见于自

[①] 2017年11月,美国众议院通过了《职业专家公平投资机会法》(Fair Investment Opportunities for Professional Experts Act)的议案,拟对《1933年证券法》中的相关条款进行修订,但该议案还未获参议院通过。

[②] 参见朱小川:《发达市场金融商品合格投资者制度述评》,《证券市场导报》2010年第9期。

律组织的自律规则之中，相较法律对合格投资者规则的规定，自律规则的效力较低。如美国全国证券商协会 Rule 3110(c)(4)中规定，证券商对机构投资者不需要履行适当性义务，[①]也就是强化了对非机构投资者的适当性保护。

（二）英国的投资者分类制度

英国对证券投资者的分类，也是与投资者适当性制度相结合而规定的。英国金融监管局(FSA)将投资者分为"适格交易对手""专业投资者"和"零售投资者"三大类。

适格交易对手被认为与证券服务提供者具有相当的信息甄别和交易议价能力，专业化程度很高，因此其不需要像其他投资者一样进行严格周全的保护，FSA绝大部分有关投资者保护的规定不适用于适格交易对手。根据投资者的法律属性，适格交易对手又可以分为当然的市场交易对手和可选择的适格市场交易对手：那些证券公司、保险公司、养老基金等金融机构属于当然的市场交易对手；一些法人投资者可以进行类型转换，转换为适格市场交易对手，以此参与更高风险市场的投资；但是自然人投资者不能进行投资者身份的转换，即使是专业的自然人投资者。

专业投资者也可以分为当然的专业投资者和可选择的专业投资者。那些以投资为业的机构投资者，属于当然的专业投资者；一些自然人或法人，若经证券经营机构测试和认定后，如果其有相应的投资能力和风险承受能力，那么这部分自然人或法人可以转换为专业投资者。

除了合格交易对手和专业投资者以外的证券投资者，属于零售投资者。在受保护程度上，合格交易对手、专业投资者、零售投资者的保

---

① 美国全国证券商协会界定的机构投资者包括以下几类：(1)银行、保险公司或登记的投资公司等专业投资机构；(2)总资产不低于 5000 万美元的自然人或法人。See Rule 3110(c)(4).

护程度是递增的,但是相应的投资权利和可投资的证券范围是递减的。这是因为不仅对投资者进行了分类,相应的证券市场和证券产品也根据风险程度的不同或交易结构的复杂程度进行了分类。

总结看来,英国对证券投资者的分类主要是用于特定市场的准入门槛,并且为相应的投资者提供适当性的保护。在具体的投资者分类上,部分投资者享有自主选择进入更高风险市场的权利,也可以选择不进行投资者类型的转换,以获得与其理性程度、风险承受能力相匹配的保护力度和保护措施。

(三)日本的投资者分类制度

日本的投资者分类制度规定在《金融商品交易法》中,这是日本证券金融市场上投资性证券产品的主要监管规范。在投资者分类问题上,日本的证券投资者分为"特定投资者"和"一般投资者"两大类,又根据是否可以进行类型转换的标准,将投资者细分为四小类。(见表1)

表1　日本的投资者分类

类型	特定投资者		一般投资者	
细分	不可以转化为一般投资者的特定投资者。	可以转化为一般投资者的特定投资者。	可以转化为特定投资者的一般投资者。	不可以转化为特定投资者的一般投资者。
内涵	合格机构投资者; 日本政府; 日本银行。	存款保险机构; 保险合同持有人保护机构; 东京证券交易所等上市公司; 资本金在5亿日元以上的公司; 外国法人。	不属于特定投资者的法人; 净资产在3亿日元以上的个人。	不属于可以转化为特定投资者的一般投资者的个人。

日本将证券投资者根据不同属性、资金实力等标准,进行类型的细化,是为了对不同投资者施以不同程度的监管和保护程度,以达到有效

保护和灵活监管的目标。①从特定投资者到一般投资者,投资者的专业程度和成熟度越来越弱。在类型转换的问题上,根据投资者的实际情况,销售证券金融产品的经营机构,在认为那些特定投资者可以转化为一般投资者时,应当向投资者履行告知义务,若相应投资者申请类型的转换,证券经营机构也有义务接受申请。但是当一般投资者想申请转换为特定投资者时,证券经营机构并不负有上述的告知义务和同意义务,甚至可以拒绝投资者的转换申请,因为证券经营机构可以根据投资者的财产状况、投资经验、知识经验等,来判断该投资者是否能满足特定投资者的要求。这些制度的设计反映了日本对不同投资者保护程度的不同,并通过对证券经营机构的义务、权利不同的配置来实现。

二、证券投资者分类制度的规律总结

通过比较可以发现,证券投资者分类已经成为证券市场的一项基础性制度,以合格投资者适度和投资者适当性制度为主要表现形式,并在制度建立和发展过程中呈现出一定的制度规律和发展趋势。

(一)证券投资者分类制度定位的明晰化

从证券发行的角度分析,区分不同证券的发行方式,与不同类型的投资者相匹配,可以提高证券市场效率。美国将投资者合格与否作为判断证券发行是否需要注册的前提,对于证券发行人来说,发行对象明确将提高发行效率。这是因为,虽然合格投资者使对应的拟投资主体变少了,但是投资者的分类使目标受众更加聚焦,发行人不需要在市场中广泛寻找投资者,而是在这些高质量的投资者中寻求资金即可。而且因为针对合格投资者的证券发行省去了注册程序,因此相较公开发行而言,融资效率进一步提高,也有助于提高发行成功率。

对于证券投资者本身来说,投资者分类制度存在一个这样的前提,

---

① 段瑞旗、田村笃:《从日本投资者适当性管理制度看投资者保护》,《金融市场研究》2020 年第 7 期。

即不同投资者的投资实力、理性程度、风险承受能力等方面都存在差异,而且证券市场需要投资者进行差异化投资,证券监管也有针对性监管的需要。在此情况下,通过对投资者的分类,那些有能力的投资者可以投资一些高风险证券产品,这些投资者专业水平高,参与公司治理程度高,有利于投资者利益的实现。对于那些能力较弱的投资者,市场准入在一定程度上避免了投资者受到损失的可能性。

对整个证券市场来说,对投资者进行分类并且匹配不同的证券市场或证券产品,可以更有针对性地满足市场融资和投资需求,也可以推动金融创新,促进更多差异化的证券产品出现,进而在追求市场效率和市场稳定的价值上提供制度保障。

(二)证券投资者分类体系的系统化

证券市场结构是证券市场功能在特定经济环境中的外在表现,一般而言,证券市场结构越复杂,即各要素的组合种类越多、组合方式越合理,证券市场功能就发挥得越好,证券市场的效率就越高,证券市场发展的程度也就越高。[1]投资者作为证券市场中的重要要素,通过对其进行类型划分,并与市场结构相结合形成了一个多层次、多要素的复合性系统。

一方面,投资者的分类能体现不同投资者之间的差异性,能够筛选出那些有较强风险承受能力和自我保护能力的投资者。美国以证券投资者"是否需要注册制保护"为依据来判断一个发行行为是否需要注册,这本身是一种效率导向的立法思路,在促进资本形成、提高融资效率的同时,在投资者保护问题上体现侧重。但是对投资者的分类制度也不是孤立的,而是与其他私法、公法制度形成一个整体的法律系统,只是不需要证券监管机构的注册程序的保护,但仍需要反欺诈等方面的证券执法保护。[2]也就是说,投资者的分类制度不仅仅关乎其自身,

---

① 邓学衷:《我国证券市场的结构约束与发展对策》,《经济问题》1996 年第 9 期。
② 梁清华:《美国私募注册豁免制度的演变及其启示——兼论中国合格投资者制度的构建》,《法商研究》2013 年第 5 期。

也要求法律或者证券监管规则进行回应,相关制度安排要能反映出投资者的差异,而且应当以证券投资者的差异和分类为基础。

另一方面,对证券投资者的分类和标准不是一成不变的,投资者分类还要与市场发展需求和结构层次相匹配,①需要随着证券市场的发展、证券产品的复杂性逐步完善,这是一个动态的过程。如美国关于合格投资者财务实力的判断,《职业专家公平投资机会法》议案中就认为财务实力的判断标准是因居民收入水平和家庭金融成熟度的变化而异的,因此"美国证监会应每五年对该资产净值进行一次通货膨胀调整"。也就是说,投资者类型的划分和投资者准入同时也需要结合当时证券市场的实际。

证券投资者分类制度并不能单独发挥效用,而是要在整个证券市场、整个证券法律制度的系统内,与市场结构、证券产品类型等相适应。投资者分类与资本市场的层次之间互相耦合,在分工和差异化竞争的基础上,在一个更高的层次上实现了资本供求的均衡,从而推动证券市场发展和投资者保护之间的良性循环。

(三) 证券投资者分类标准的精细化

证券投资者分类标准的精细化首先表现为认定标准的丰富化。一般而言,可供选择的规则选项越多,市场自治空间越大,权利行使的积极性也就越高。在证券投资者分类制度的发展过程中,对投资者分类的标准从简单的最低投资者标准到财产标准和特殊关系标准;认定财务标准时,简单的资产标准、资产净值(net worth)、收入(income)、扣除房产价值的净资产等,都呈现出愈发丰富和细化的特征。在客观标准之外,对投资者的分类还包括投资经验、风险承受能力等方面的主观标准。合格投资者认定的标准越细化,识别投资者的精确度就越高,也能

---

① 张异冉:《我国股票市场合格投资者认定标准改革——以自然人的认定标准为例》,《上海金融》2020 年第 5 期。

更全面地识别和区分不同类型的投资者,使分类结果致力于更接近证券市场投资者的真实图景。

不仅证券投资者分类的标准越来越丰富,在可操作性上也有所提高。以美国证券市场上对合格投资者的认定规则为例,在"获许投资者"规则明确之前,证券发行人在发行证券之前,需要耗费大量财力和物力来筛选合格的投资者,并且需要由证券监管部门认定相关投资者符合定向发行的资质,这种实践规程是模糊的和不效率的。"D规章"在如何认定合格投资者的问题上作出明确规定,资金实力标准、特殊管理标准都具有直观性的特点,而投资者是否成熟等标准则较为抽象,因此以客观条件来"筛选"合格投资者,提高了发行人的可预期性和可操作性。[1]因此,从制度理性和实践情况来看,通过设置清晰的、可操作的投资者分类标准,来提高投资者分类标准的可操作性都是极富意义的。

从美、英、日等国家的立法经验来看,虽然关于投资者分类的制度不尽相同,但是都已制定了相关制度,而且根据投资者类型的不同进行了差异化的证券交易安排。美国的合格投资者制度建立时间较早,但是缺少统一的概念,呈现多头发展的趋势;[2]英国、日本关于投资者分类的规定,一方面对合格投资者的认定进行了主观定性和客观定量的双重要求,而且考虑了投资者的实际情况,可以"选择"进行投资者类型的转换,体现了较高的立法水平,也更符合投资者特质和市场的需求,可以最大程度适应不同投资者的不同需求。

三、差异化保护背景下投资者分类的制度逻辑

投资者作为证券市场的基本要素,对投资者的分类和适当性管理是保护投资者的重要抓手。市场发展与投资者保护之间是相辅相成、

---

[1] 张异冉:《我国股票市场合格投资者认定标准改革——以自然人的认定标准为例》,《上海金融》2020 年第 5 期。

[2] 朱小川:《发达市场金融商品合格投资者制度述评》,《证券市场导报》2010 年第 9 期。

相互促进的,为了做到二者之间的适度兼顾和相互匹配,需要对投资者进行分类。投资者适当性管理与分类要与证券市场发展状况相匹配,要与市场的产品、风险状况相匹配,还要与投资者自身的认知水平和情况相匹配。[1]

（一）投资者类型划分应当与市场结构层次相匹配

证券市场的发展都遵循一个从单一到扩张,再到结构化和层次化的过程,资本市场的分层、发展、变化也是为实体经济提供更好的融资和交易服务,满足不同融资主体的需求。多层次资本市场的格局形成及演进一定程度正是为弥补原有层级无法覆盖的内在需求,通过分层细化可以实现不同类型企业的分离均衡。通过投资者分类制度识别出适格、适合的投资者,并让投资者匹配适合的证券市场和证券产品,这是投资者分类制度的根本目的所在,因此在对投资者分类时,应当与市场结构层次相匹配。

从市场体系的微观角度来看,市场的分层将证券产品也进行了筛选,市场的分层也是证券产品的分层,在不同层次中,融资需求和发展需求也不相同。为了能最大程度包容不同发展阶段的企业,资本市场必须细分为不同的结构和层次,以实现供求均衡。证券市场分层不仅是对企业质量的分层和筛选,也是对风险的层次化区分,多层次资本市场体现了政府导向的限制风险监管原则,将不同风险程度的市场独立起来,并将具有不同风险收益特征的证券放在不同的市场。

对于投资者而言,市场的分层为投资者辨识证券投资价值和风险提供了直观的参考意义。之于个体而言,同一投资者在不同证券市场中、投资不同证券产品时,其判断能力和交易能力也会因所处市场的不同而发生变化,因此,投资者分类应当与市场结构相匹配,在此情况下,不仅融资主体可以在相应的市场层次,投资者也可以就其风险偏好和

---

[1] 徐明:《新三板理论与实践》,中国金融出版社 2020 年版,第 1135—1136 页。

特质,分布在不同市场。

（二）投资者分类应建立在投资者的合理差异之上

　　类型化是一个根据一定的标准对特定领域的事物进行分类,使之从抽象到具体、从粗糙到细致的过程。平等的探讨以归类为前提,但并非任何类型的区别对待都符合平等原则,而是要求不得将同事物本质不相关的要素作为区别对待的基准。证券投资者差异化保护的内涵要求承认不同投资者之间的差异,并根据差异进行不同的对待和保护。尽管实质平等要求"合理区别对待",但不代表投资者之间的差异都具有合理性,也不代表投资者所有的差异都应被作为投资者分类的标准,只有建立在合理差异基础上的差别对待才是正义的,对投资者的分类也应建立在投资者的合理差异之上。

　　一般来说,基于不同主体之间的抽象差异的差别对待是不合理的,如基于性别、宗教信仰、民族等方面的差别对待,就是歧视和排斥;基于人的先天禀赋和后天努力等等所形成的具体差异,而对不同主体的差别对待大多数时候是合理的,如按个人贡献的大小和绩效的高低分配资源。[1]从证券投资者差异化保护的目标来看,基于禀赋、出身、教育与环境等差别所导致的差异最终将归结和体现为能力的差异,贫富之分、强弱不同、贵贱有别都可追溯为能力层面的差异化,证券投资者差异化保护的目标是缩小差异,这并非指客观的财富资源、风险承受能力的差异,而是指缩小投资者主体之间的信息不对称程度、提升底层阶级投资者的风险应变能力。

　　证券投资者的分类实质上是无法以划分或涵摄的方式来求得外延的,因为类型本身具有开放性,一个类型只是以某个典型的或标准的形象为特征的,如果一个类型中要素被其他要素替换,那么这个一般形象

---

[1]　谢治菊:《作为批判的差等正义:依据、内涵与超越》,《中共福建省委党校学报》2015年第 9 期。

就进入了另一个类型。①我国证券投资者的结构中，以中小投资者为最多而且高度分散，这些投资者之间存在较大差异，对证券产品的需求当然也不同。因此，对投资者进行合理分类，就必须要根据投资者的认识水平和自身特殊情况为其匹配适当的产品，并帮助其识别相关市场或产品的风险，减少超过其风险承受能力的损害。因此，对投资者的分类应掌握其中的标准，以投资者之间合理的区别为基础，在此基础上进行的分类和保护，才能达到科学分类、平等保护的效果。

（三）投资者分类结果的动态性特征

证券投资者的现实结构和现实情况不是静止的，而法学范畴分类可能在不同历史时期呈现出不同的样态，范畴的分类本身也具有时间性的特征。②以我国证券市场的发展和投资者结构变化为例，一直以来，我国 A 股市场投资者结构存在着明显的散户占比过高、机构力量不足且尤其缺乏能对市场起到稳定器作用的大资金机构等问题。

一般认为，证券市场的效率越高，证券市场发展的程度也就越高。③投资者作为证券市场的重要要素，其结构需要能反映证券市场结构的实际情况，要能反映证券投资者作为一个整体的基本情况，才能和其他要素一起形成多要素、多层次的市场。因此投资者的分类需要随着证券产品的不断增加和复杂化而进一步完善，这是一个动态的过程。如对合格投资者财务实力的判断，其标准是随着居民收入水平和家庭金融成熟度的变化而异的。因此，证券投资者的分类也应当是适度的、动态的，是顺应证券市场和市场经济形势现实情况的，是能反映证券市场投资者现实结构，并且能满足投资者现实情况的动态调整。对于投资者个体而言，分类结果也应当是动态的、允许类型转换的。

---

① 王美舒：《类型思维下的金融消费者：从语词认识到裁判逻辑》，《法律科学（西北政法大学学报）》2019 年第 2 期。
② 刘方圆：《从客体到主体：法学范畴分类的认知解释》，《政法论坛》2019 年第 11 期。
③ 邓学衷：《我国证券市场的结构约束与发展对策》，《经济问题》1996 年第 9 期。

通过对世界范围内主要证券市场中投资者分类制度的比较,可以发现证券投资者分类已经成为证券市场的一项基础性制度,以合格投资者适度和投资者适当性制度为主要表现形式,并在制度建立和发展过程中有其制度规律和发展趋势。

第二节 我国证券投资者分类制度的考察与反思

证券投资者保护的差异化制度首先是建立在既有的投资者保护制度体系之上的。我国已经建立了关于证券投资者分类的一系列规则体系,但是我国的投资者分类制度、体系和具体标准方面都存在不同程度的缺憾,为有效实现投资者风险分配和控制埋下了隐患。

一、我国证券投资者分类的规则考察

我国关于证券投资者分类的规则在法律、法规等规范性文件以及不同证券市场的交易规则中都有所规定。以《证券法》中规定的投资者"二分法"为法律基础,可以说我国投资者分类制度已经具有了相当程度的规范基础。

（一）我国证券市场中投资者分类的主要规则

《证券法》在"投资者保护"一章中以不同投资者根据自身财务水平、风险认知能力的差异,作出了普通投资者与专业投资者的基本分类,[1]并原则性地规定了投资者适当性制度。其实自 2007 年以来,针对不同证券市场或证券产品,我国已经存在比较零散且相对独立的投资者适当性规则,[2]直到 2017 年 7 月 1 日《适当性管理办法》的正式实

---

① 《证券法》第 89 条第 1 款规定:"根据财产状况、金融资产状况、投资知识和经验、专业能力等因素,投资者可以分为普通投资者和专业投资者。专业投资者的标准由国务院证券监督管理机构规定。"
② 在《适当性管理办法》之前,我国基金销售、创业板、金融期货、融资融券、股转系统、私募投资基金等市场、产品或业务中都有关于合格投资者和投资者适当性的规定。

施,成为各市场中投资者适当性管理规则的"母法"。[1]在《适当性管理办法》出台并实施之后,2018 年 4 月 27 日,中国人民银行、银保监会、证监会、外管局联合下发了《关于规范金融机构资产管理业务的指导意见》(银发[2018]106 号)(以下简称《管资新规》),规定了统一的资管产品合格投资者的认定标准。

当前,以《证券法》中相关规定、《适当性管理办法》和《管资新规》为主要规则依据,构成了我国证券市场中证券投资者的基础性规则。从法律、证监会的规范性文件到部门联合制定"指导意见",三者法律层级和效力依次降低。从适用和调整范围来看,三者既有重合也有相互补充的部分。《证券法》主要调整和规范我国证券发行和交易行为。《证券法》中关于投资者分类的规定不仅适用于传统意义上股票、债券的发行和交易,对存托凭证、证券投资基金份额等其他证券也同样适用。《适当性管理办法》的适用范围涵盖了"证券"和"期货",主要是非公开或公开发行证券、募集的基金或者转让的期货及其他衍生产品。《资管新规》的适用范围则更加聚焦于金融机构发行的资产管理产品,对合格投资者投资的资管产品的要求规定得更加明确。

(二)基础性规定对证券投资者的分类

《证券法》中对普通投资者和专业投资者为基本划分,实际上是对《适当性管理办法》规则的确认。《证券法》仅强调了证券投资者类型的基本划分,更加详细的分类标准在《适当性管理办法》中有所明确。根据《适当性管理办法》第 7 条、第 8 条的规定,金融机构及子公司、私募基金管理人、理财产品、特殊基金及投资者、符合条件的法人或者其他组织、符合条件的自然人属于专业投资者(见表2);专业投资者之外的

---

[1] 《适当性管理办法》依据多维度指标对投资者进行了分类,明确了投资者分类、产品分级、适当性匹配等适当性管理各环节的标准或底线,归纳整合了各市场、产品、金融服务的适当性相关要求。参见李东方、冯睿:《投资者适当性管理制度的经济和法律分析》,《财经法学》2018 年第 7 期。

投资者即为普通投资者。

表 2 《适当性管理办法》中专业投资者的认定标准

分　类	具体要求
金融机构及子公司、私募基金管理人	经有关金融监管部门批准设立的金融机构，包括证券公司、期货公司、基金管理公司及其子公司、商业银行、保险公司、信托公司、财务公司等；经行业协会备案或者登记的证券公司子公司、期货公司子公司、私募基金管理人。
理财产品	上述机构面向投资者发行的理财产品，包括但不限于证券公司资产管理产品、基金管理公司及其子公司产品、期货公司资产管理产品、银行理财产品、保险产品、信托产品、经行业协会备案的私募基金。
特殊基金及投资者	养老基金、社会公益基金、合格境外机构投资者（QFII）、人民币合格境外机构投资者（RQFII）。
法人或者其他组织	同时符合下列条件的法人或者其他组织：最近 1 年末净资产不低于 2000 万元、最近 1 年末金融资产不低于 1000 万元、具有 2 年以上证券、基金、期货、黄金、外汇等投资经历。
自然人	同时符合下列条件的自然人： 1. 金融资产不低于 500 万元，或者最近 3 年个人年均收入不低于 50 万元； 2. 具有 2 年以上证券、基金、期货、黄金、外汇等投资经历，或者具有 2 年以上金融产品设计、投资、风险管理及相关工作经历，或者属本条第（一）项规定的专业投资者的高级管理人员、获得职业资格认证的从事金融相关业务的注册会计师和律师。

　　根据《资管新规》，资产管理产品的投资者分为合格投资者和不特定社会公众两大类。在此，资管行业的合格投资者有了新的标准和定义，其包括那些满足资金实力要求、产品认购金额要求和风险能力要求的自然人和法人或者其他组织（见表3）。《资管新规》重新定义了合格投资者的标准，提高了资金募集门槛：要求自然人（合格）投资者有"投资经历"，并增加了"家庭金融净资产"的概念，且提高了准入标准；对于

法人投资者而言,增加了"最近 1 年末净资产不低于 1000 万元"的要求;同时以兜底条款的形式规定投资者若属于"金融管理部门视为合格投资者的其他情形"的,也构成合格投资者。

表 3　《资管新规》中合格投资者的认定标准

分类	资产规模/收入水平/投资经历	产品最低认购金额	风险能力要求
自然人	投资经历:2 年以上;家庭金融净资产≥300 万元;家庭金融资产 ≥ 500 万元;或近 3 年本人年均收入≥40 万元。	1. 单只固定收益类产品≥30 万元; 2. 单只混合类产品≥40 万元; 3. 单只权益类产品、单只商品及金融衍生品类产品≥100 万元。	具备相应风险识别能力和风险承担能力。
法人或其他组织	最近 1 年末净资产≥1000 万元。		
其他	金融管理部门视为合格投资者的其他情形。		

(三) 具体市场和交易中对证券投资者的分类

从不同的证券交易场所方面看,当前创业板市场、科创板市场、新三板市场以及各区域性股权市场都对参与市场交易的投资者设置了准入门槛。其中,创业板市场在场内市场领域对自然人投资者引入适当性管理,是我国在场内市场领域对适当性管理制度作出的首次制度安排;[1]参与科创板股票交易的个人投资者,上海证券交易所提出了投资经验和资金要求;在新三板市场,2019 年以前,合格投资者的投资门槛是 500万元,经改革后全面下调,还根据风险匹配的原则,针对不同市场层次

---

[1]　创业板还设置了"冷静期",让投资者审慎决定是否开通创业板交易。2020 年 4 月27 日,深圳证券交易所修订了创业板的投资者适当性管理要求,增加了创业板个人投资者"申请权限开通前 20 个交易日证券账户及资金账户内的资产日均不低于人民币 10 万元"的资金要求。

设置了投资者差异化的准入条件；对区域性股权市场而言，也已实行合格投资者制度(不同交易市场中对投资者的具体分类和标准可见表4)。其逻辑在于这些市场中证券发行主体一般具有很高的成长性，自主创新能力较强，但是基于行业或者本身规模等原因，具有不稳定性的特点，具有较大的风险，因此为了保护投资者利益而设置相应的准入门槛。

表4　不同交易市场中的投资者分类

交易市场	投资者类型	分类标准	规范性文件
创业板	个人投资者	参与证券交易24个月以上，T-20日～T-1日日均证券资产≥10万元	《深圳证券交易所创业板投资者适当性管理实施办法(2020年修订)》
	机构投资者	无特殊要求	
科创板	个人投资者	参与证券交易24个月以上，T-20日～T-1日日均证券资产≥50万元	《上海证券交易所科创板股票交易特别规定》
	机构投资者	无特殊要求	
新三板市场	个人投资者	两年以上证券投资经验，或者专业任职经历；T-10日～T-1日证券账户和资金账户内日均资产：精选层：不少于100万元；创新层：不少于1500万元；基础层：不少于200万元。	《全国中小企业股份转让系统投资者适当性管理办法》
	法人机构/合伙企业	实收资本/实收股本总额/实缴出资总额：精选层：不少于100万元；创新层：不少于1500万元；基础层：不少于200万元。	
区域性股权市场	个人投资者	具备较强风险承受能力且金融资产不低于50万元人民币的自然人。	《国务院办公厅关于规范发展区域性股权市场的通知》
	机构投资者	—	

此外,上海证券交易所除了对科创板投资者有专门要求,对在上海证券交易所参与交易的其他金融产品的投资者也有相应的适当性制度安排。上海证券交易所 2017 年 6 月 28 日出台了《上海证券交易所投资者适当性管理办法(2017 年修订)》,该文件严格参照了《适当性管理办法》对投资者的分类和标准。在债券市场交易领域,上海证券交易所和深圳证券交易所也将债券市场投资者分为合格投资者和公众投资者,而且分类标准和内容皆与《适当性管理办法》一致。

在私募行业,《私募投资基金监督管理暂行办法》(以下简称《私募监管办法》)由证监会于 2014 年 8 月下发,是最早对私募基金行业"合格投资者"认定作出具体规定的部门规章,也是截至目前私募基金行业对合格投资者认定的主要依据。在《适当性管理办法》出台后,中基协依据《适当性管理办法》等法规和部门规章下发了专门针对私募基金行业的《基金募集机构投资者适当性管理实施指引(试行)》,来规范私募行业基金募集和销售行为,落实《适当性管理办法》中的规定,一脉相承地定义了在私募行业投资领域内普通投资者和专业投资者的概念,并对普通投资者根据承受能力的差异进一步作了分类。2019 年 6 月中基协下发的《私募投资基金备案须知(2019 版)》明确规定了合格投资者应当符合《私募监管办法》的相关规定,具体从资产规模、单笔最低认购金额、风险识别能力和风险承担能力等方面规定了合格投资者标准。(见表 5)

表 5 《私募监管办法》中合格投资者的认定标准

分类	资产规模/收入水平/投资经历	产品最低认购金额	风险能力要求
自然人	金融资产不低于 300 万元或者最近三年个人年均收入不低于 50 万元	100 万元	具备相应风险识别能力和风险承担能力
法人或其他组织	净资产不低于 1000 万元		
其他	金融管理部门视为合格投资者的其他情形		

二、我国证券投资者分类制度的具体应用

客观上对证券投资者的分类,只是对各个类型投资者的共同特征和差异的提炼和认识,不会影响其权利和义务的内容。但是当将对投资者的客观分类和具体目标和特定场景相结合时,对证券投资者的分类就有了更深层的意义。投资者分类制度的运用主要体现在三个方面:一是作为特定市场、产品或服务的投资者准入要求;二是作为投资者适当性制度中"了解你的客户"这一部分,作为证券经营机构履行适当性义务、进行产品匹配的依据;三是对特定投资者类型的特别保护提供标准和依据。

（一）作为特定市场、产品或服务的投资者准入要求

从市场准入的角度对证券投资者进行分类,对于一些高风险市场和证券产品,规定相应的准入要求,也就是将投资者分为合格投资者和非合格投资者两类,以实现证券发行效率和发行秩序之间的平衡。目前,我国证券市场合格投资者制度尚处于初级阶段,《证券法》没有对此进行过统一的规定,在部门规章和自律管理规则层面,合格投资者资质成为新三板市场、创业板市场、科创板市场等特定市场的准入门槛。

合格投资者的制度价值在于,通过对投资者的分类,为高风险的市场和交易筛选投资者,减轻特定市场证券发行监管的强度。[①]一般而言,证券发行与社会公共利益直接相关,但是有些证券发行离公众利益过于遥远,因此不需要在发行阶段施以过度的证券监管,而是采用限定投资者范围的方式,以此进一步隔离该等证券的公共利益属性。在这些非公开的市场或者非公开发行的证券交易过程中,因为在证券监管强度方面相对减轻,所以投资者投资这类市场或证券时,相比一般证券市场来说风险更高,因此需要筛选出区别一般投资者的"合格"者参与

---

① 张异冉:《我国股票市场合格投资者认定标准改革——以自然人的认定标准为例》,《上海金融》2020 年第 5 期。

交易。从投资者保护的角度看,合格投资者制度实际上也是对"非合格"投资者的保护,有利于提升证券市场交易效率。SEC 对合格投资者的定义是指合格投资者具有成熟的金融知识,并且不需要注册制度的保护,而有能力自我保护的投资者。[①]也就是说,合格投资者是按照一定标准从投资者群体中筛选出来的,一般具有风险承受能力高、自我保护程度高、证券知识水平高的要求,通过这种筛选,可以将那些相对风险承受能力与对应证券市场不匹配的投资者隔离出去,从而达到免受损失的保护目的。

(二) 作为投资者适当性制度的前提

投资者适当性管理制度是证券经营机构根据自身评估标准,在与投资者进行销售行为过程中,对投资者的投资能力是否与销售的产品相匹配的合理判断。[②]从理论基础看,美国证监会在实践中强调"卖者有责",形成和发展了代理理论、招牌理论、信义义务理论等,共同构成了投资者适当性制度的理论基础。[③]

与合格投资者制度相比,在目标导向方面,投资者适当性制度旨在平衡证券经营机构与投资者之间的不平等关系,[④]合格投资者制度是对投资者的"私人"审查来取代监管机构对证券发行的审查。在适用场合方面,合格投资者更多应用于证券发行的场合,若是非公开发行证券或者在高风险市场发行证券,证券发行的对象只能是合格投资者。投资者适当性制度通常用于证券经营机构向投资者推荐证券产品的场合,更多的是在交易场合。在义务主体方面,合格投资者制度更多的是

---

① Leonard J. de Pasquale, Helping to Ameliorate the Doctrine of Caveat Emptor in the Securities Market: Reves v. Ernst & (and) Young, 26 New Eng. L. Rev. 893(1992).

② Norman S. Poser. Liability of broker-dealer for unsuitable recommendations to institutional investors. Brigham Young University Law Review, 2001(7).

③ Louis Loss, The SEC and the Broker-Dealer, Vanderbilt Law Review 1948, p.516.

④ 李东方、冯睿:《投资者适当性管理制度的经济和法律分析》,《财经法学》2018 年第7 期。

对发行人一方的约束,证券发行人应当根据合格投资者的认定标准筛选发行对象,并保证认购其证券的投资者符合规定,否则可能违反监管规则。投资者适当性制度的义务主体通常是证券经营机构,其从证券投资者特征和证券产品风险等级出发,向投资者提供适当性匹配意见,并对违法违规行为承担相应的法律责任。

但是,二者也有重合的领域。一是在证券间接发行的场合,证券经营机构同时作为证券发行人的承销商和证券投资者的服务商,其既要代发行人筛选合格投资者,确保其证券仅向合格投资者发行;又要对投资者履行适当性义务,向合格投资者销售风险等级匹配的证券。二是在特定市场的证券发行和交易时,合格投资者制度和投资者适当性制度对投资者的资质提出了一致要求。

我国实行的合格投资者管理制度实际上是对投资者适当性内涵的进一步拓展,因为一般只有符合证券交易场所颁布的"投资者适当性管理"中"资质要求"的投资者,才有资格向证券交易所申请开通相应市场或相应板块的交易权限。如根据《上海证券交易所科创板股票交易特别规定》,若投资者想参与科创板股票的交易,首先应满足交易所对账户资金、交易时间的"适当性管理要求",但实际上这种科创板市场准入限制,是合格投资者制度的核心内容;但科创板投资者交易的条件并非止于交易所层面的合格投资者要求,在此基础上,还要通过"证券公司组织的科创板股票投资者适当性综合评估",[1]也就是进入证券公司"投资者适当性"制度的阶段中。与之相类似的还有对新三板市场投资者准入和投资的规定,逻辑基本相同。虽然有学者认为投资者适当性制度包括合格投资者制度,[2]这是因为其将从投资者市场准入和具体投资看作一个整体的过程,在这个完整的过程中,投资者适当性不能为

① 参见上交所投教:《科创板投资者适当性管理》,http://client.sina.com.cn/news/2019-06-05/doc-ihvhiqay3778936.shtml,2020年9月访问。
② 赵晓钧:《中国资本市场投资者适当性规则的完善》,《证券市场导报》2012年第2期。

合格投资者制度所包括,因此以外延更大的投资者适当性管理为制度整体构建具有一定合理性,但是更微观的考察说明,这是两种不同制度在这个领域的重合,并不表明合格投资者制度和投资者适当性制度的等同,二者的功能还是不可替换、界限不能模糊的。

投资者分类制度与投资者适当性制度相结合,其目的是区分对不同投资者推荐不同的证券产品,并且履行适当性义务的标准和要求可以依不同投资者而不同。合格投资者对投资者的分类是对投资者进入市场前既定条件的约束,如果不满足市场准入要求,投资者不能进入相关市场或购买相应产品;但是投资者适当性制度中,即使证券经营机构认为某些产品不适合投资者投资,但对投资者的风险评估和分类仍不会限制投资者投资的权利。

(三)作为对普通投资者特别保护的依据

类型化方法可以提炼和认识各个类型的共同特征以及各类型之间的差异,为法律平等理念下"相同条件相同对待、不同条件不同对待"的分类处理方法提供依据,为体系化的制度设计建构基础。在证券投资者保护问题上,英国《金融服务与市场法》强调,金融行为监管局在确定何种程度的消费者保护为适当时,必须考虑到不同种类的投资或交易所包含的程度不等的风险,以及不同消费者所拥有的程度不等的经验和知识。监管者基于可能的行业差别、产品差别和个体差别,对消费者/投资者做进一步细分,提供不同力度的保护。我国也在证券投资者"二分法"的基础上,对普通投资者施以特别保护。

《证券法》将投资者分为普通投资者和专业投资者,这种分类方法是对既有规则中投资者分类方式的承继。如《适当性管理办法》《上海证券交易所投资者适当性管理办法》等规定中,都规定对普通投资者施以特别保护措施。如证券经营机构对普通投资者承担特别的义务,包括在销售证券产品或提供服务前提示风险及适当性匹配意见的义务、在销售高风险证券产品时的特别说明义务、在提供服务过程中的音像留存义务。在投资者与证券经营机构产生纠纷时,如果在调解机制中,若普通投资者提出调解请求,经营机构不得拒绝;而且证券经营机构要承担举证责任,否则即应承担相应的赔偿责任。此外,证券代表人诉讼制度、投资者保护机构支持诉讼机制、示范判决机制等,都是对弱势投资者,尤其是普通投资者、中小投资者的特别保护。

通过梳理当前证券投资者分类的制度规则,可以发现当前我国对证券投资者进行分类,主要用来作为特定市场或产品的投资者准入要求,还作为投资者适当性管理制度的重要组成部分出现。近来,也越来越关注基于投资者的分类施以不同程度的保护,尤其强调对证券投资者的特殊保护。

三、我国证券投资者分类的标准和参数

通过考察我国关于投资者分类的规则,当前对投资者分类的标准既包括客观的投资者属性标准、投资者财务实力标准、投资经验标准,也包括主观的风险承受能力标准。

(一)投资者属性标准

投资者分类的投资者属性标准包含两重含义:一是基于法律主体分类的自然属性,二是基于特殊身份的身份属性。自然属性是指不同投资者主体的法律性质不同,依据投资者是否为自然人,分为个人投资者和机构投资者。一般而言,对机构投资者不设置市场准入要求。从具体范围来看,我国的机构投资者主要包括证券公司、期货公司、基金管理公司及其子公司、信托公司、财务公司等金融机构,金融机构向投资者发行的资产管理产品、银行理财产品、信托产品、私募基金等"计划型"投资者,养老基金、社会公益基金、QFII等特殊基金,但是对个人投资者则一般要求有其他财力、交易经验等能力要求,才能具有进入相关市场的资格。机构投资者被认为有足够保护自己的能力,基于信息优势和资金优势,与个人投资者之间呈现明显的不对等状态,因此一般也提供较个人投资者而言更弱的保护。

在自然属性之外,一些投资者还可能基于与证券发行人之间的特殊关系,与其他投资者区别开来。如美国关于获取投资者的规定中,就将"发行人的董事、执行经理(executive officer)"和"发行人的普通合伙人"纳入其中;在新三板市场,也将发行人的原股东与内部人认定为合格投资者。将这些"内部人士"认定为合格投资者,是因为相较其他投资者而言,他们距离所投资的公司或证券更近,因此可以更便捷地获取投资决策所必需的相关信息,以此作出相应的投资判断。因此对这些投资者提供的保护当然地有别于其他普通投资者,有时还需要重点规制其利用优势地位谋取非法利益的可能性。

(二)投资者财务实力标准

投资者的财务实力是确定投资者风险承受能力和自我保护能力的重要依据,是在设定投资者类型时考虑的核心标准。一般对投资者的财务实力要求也有两种形式:一是对投资者的资产规模或收入水平的要求;二是通过设置证券产品的最低认购额来证明投资者的财务实力。

各国(地区)对投资者财务实力的衡量通常用量化的处理方式,这种数量型的规定在操作和实践中容易掌握和区分,只是不同地区、不同市场中所规定的参量不同。美国的证券投资者,若其人均年收入超过20万美元,或与配偶一起的合计收入超过30万美元,则满足对投资者财务实力标准的要求。我国对投资者的分类中,在界定专业投资者和合格投资者的标准中,核心或主要标准就是投资者资金实力、资产规模。对自然人型投资者而言,以"金融资产""年均收入"等标准,对法人或其他组织型专业投资者则通过"净资产"等标准来进行判断。

此外,证明投资者的财务实力还可以通过设置最低投资额的方式来体现。在美国,最开始获许投资者中包括那些"认购不低于15万美元的证券购买者,且该笔投资不超过购买者总资产净值的20%"。我国资产管理和私募投资市场中,也规定了合格投资者的产品最低认购金额。有学者认为这些证券产品规定了投资者最少的投资金额,以此作为相应的准入门槛限制,这虽然确实将那些资金实力不足的投资者挡在门外,但是对于合格投资者而言,其投资本金金额越大,若发生损失则损失的金额也将越多,他们的风险实际上被大大增加。[1]但笔者认为,其背后的假设是能够在一次证券发行中投入如此金额资金的人,其议价能力应该很大,因此以此为标准可以有效识别那些高净值的投资者。

有人批评以财务富有程度来判断和分类有失偏颇,因为可能资金实力强的投资者并不具备较高的金融成熟度,仅凭收入或者资产并不能识别出真正理性、风险识别和承受能力强的投资者。但以财务实力为标准来对投资者进行分类具有一定合理性,有研究发现,那些高收入的投资者在投资损失时能够及时止损,富裕的家庭在交易多元化、交易频率、及时止损和止盈等指标和问题判断上,表现得更好。[2]FINRA的一项关于投资者教育水平的调查也可以侧面辅助证明这个问题,经调查分析,在对投资者进行金融知识题目测试时,平均来看高收入者的正确率更高,研究者分析认为投资者的收入水平或资金实力越高,他们的受教育程度、学习投资技能的可能性就越高,而且有经济基础的投资者还可以聘请专业投资顾问来辅助他们管理资产。[3]因此,以资金实力为标准可以直观、客观地说明投资者的投资实力,也可以在一定程度上反映出投资者应对市场风险、承受可能的投资损失的能力,以财务实力为

---

[1]　梁清华:《论我国合格投资者法律制度的完善——从法定条件到操作标准》,《证券市场导报》2015年第2期。

[2]　See Laurent E. Calvet, John Y. Campbell & Paolo Sodini, Measuring the Financial Sophistication of Households, American Economic Review, Vol. 99, No. 2 (2009), pp. 393—398.

[3]　The National Financial Capability Study, A Report of the National Financial Capability Study, https://www.usfinancialcapability.org/downloads/NFCS_2018_Inv_Survey_Full_Report.pdf.

标准来区分不同的投资者具有其正当性意涵。

（三）投资者投资经验标准

投资者的投资经验是判断投资者对证券市场和证券产品的熟悉程度、是否具有风险识别能力的重要指标，甚至对合格投资者的通常理解就是指那些经验老到的投资者。从一个投资者的投资经历或者是否有相关从业经历，可以知晓其是否具有投资经验，进而可以推测其投资能力。

我国关于投资者分类的标准中，几乎都强调投资者的投资经历，并且以最低投资时限为客观标准来判断。如创业板、科创板、新三板市场对自然人投资者的准入，都设置有"两年以上证券投资经验"的要求，区域性股权交易市场的基础性规则未明确要求，但是表明个人投资者应"具备较强风险承受能力"，是抽象意义上的要求。若投资者拥有一定投资经历和经验，起码可以侧面说明其熟悉交易规则和市场特点，可以评估所投资证券的价值和风险，可以理解证券发行人或经营机构披露的信息。

拥有相关从业经历不仅代表投资者拥有较为专业的技能，还可以推定自然人在专业的金融市场相关工作中累积了较为丰富的市场经验。[1]美国法上认为"资深雇员"属于合格投资者，这些人是指从事基金管理或基金销售的工作人员，从其从事的职业和职位经历来看，就可以推定其具备投资私募市场的经验，并且具有分析信息和承担风险的能力。[2]我国《适当性管理办法》中将拥有"金融产品设计、投资、风险管理及相关工作经历"的自然人投资者认定为合格投资者；还将那些"获得职业资格认证的从事相关金融业务的注册会计师和律师"纳入合格投

---

① 张异冉:《我国股票市场合格投资者认定标准改革——以自然人的认定标准为例》，《上海金融》2020 年第 5 期。

② 梁清华:《美国私募注册豁免制度的演变及其启示——兼论中国合格投资者制度的构建》，《法商研究》2013 年第 5 期。

资者范围中来,新三板市场也认可拥有专业任职经历的投资者的投资经验。

综上来看,区分不同投资者类型的标准不一,投资者身份属性、资金实力以及投资经验等标准都是一些客观的、可操作性强的指标,因此各国和各地区在进行投资者分类时都以此作为重要指标。但是,在进行投资者分类时任何一个指标都不能作为单一的判断标准。以美国"希尔约克公司案"为例,该案中受到损失的投资者都富有投资经验,但是法院认为仅凭财产实力和经验,不能就认为他们能获取足够的发行信息,因此该案中证券发行人向这些投资者发行证券时,还是应当进行注册。一个投资者虽然拥有丰厚的资金实力,这说明他们承受投资损失的能力较强,但是不能确保其懂得规避市场风险,能够作出理性决策;相应的仅拥有投资经验,也不能确保其有充分的资金实力。因此,判断一个投资者是否成熟或合格时,需要综合考量多重因素,才能筛选出既有风险承受能力又有风险识别能力的投资者进入高风险证券市场。

四、我国证券投资者分类制度中存在的问题

(一)投资者分类制度的逻辑不清

当前,在《适当性管理办法》《证券法》中,关于投资者的基本分类是"普通投资者"和"专业投资者",但是在如《资管新规》《私募监管办法》等法规或规范性文件中,对投资者的分类是"不特定社会公众"和"合格投资者"这样的概念,那么两种对投资者的分类仅是表述上的区别还是有实质上的差异?这说明我国统一的投资者分类制度尚未形成,对相异制度、相近概念之间的逻辑关系尚未理清。

理论上对于合格投资者制度和投资者适当性制度之间的异同关系实质上已经基本形成了一致意见,二者联系紧密又区别明显。但是我国的实践中,合格投资者制度已经内化为投资者适当性管理的一部分,这是相关制度在我国市场土壤上的制度异化。合格投资者制度的目的

是在保护投资者和提高证券发行效率价值之间寻找平衡,在一级市场上可以判断是否构成非公开发行。美国获取投资者制度的逻辑是"证券发行—面向合格投资者—则豁免发行注册—在合格投资者之间交易",以此可以向那些有投资经验和投资实力的投资者定向发行证券提高发行效率,也能使其他投资者获得应有的证券发行注册的保护。但是在二级市场的证券交易过程中,则不设置合格投资者制度,而是由投资者适当性制度发挥作用。但是在我国证券发行和上市本身分离的情况下,将源于"获许投资者"制度的"合格投资者"制度直接适用于交易环节,是投资者准入制度畸形的体现。

(二)投资者分类的体系性不足

当前我国在不同市场、不同制度层面进行了投资者的分类,具体的分类标准也各不相同,在调整范围上出现重复的情况,证券投资者和证券经营机构在适用这些规则时往往留有选择余地,因此加剧了证券市场上的实质不平等情况。

虽然当前《适当性管理办法》为建立"分层而又统一"的投资者分类制度奠定了基础,但是标准的不统一在理解和适用相关规则时出现投资者分类的不科学问题。比如对于自然人投资者在特定市场上的准入条件,不同市场上的设置是不同的,有的是 50 万元的财务条件(如创业板、科创板),有的是 150 万元的财务要求(如新三板市场的精选层),市场的层次化与证券投资者的投资机会直接挂钩,达不到相关财务资质的投资者不能参与下位市场的交易。在这种情况下,我国的多层次资本市场建设,实质上呈现出一种"排座次""等级化"的市场情况,从主板到创业板到科创板到新三板甚至再到区域性股权市场,这被看做是上下位市场,呈现出优劣之分的歧视倾向。这种市场的层次结构,本意是为了促进市场配置效率,满足中小型企业和投资者的差异化需求,反而人为地制造了不公平的竞争起点,不利于我国证券市场的健康发展。若是我国证券市场仅为大型上市公司而存在,只为了满足部分机构投资者或者散户投资者的投资需求,则割裂了市场的发展逻辑,最终也不利于投资者的保护。

一个理想的证券市场结构是能够同时满足融资和投资两端的需求,这就需要为资金需求者提供适合的融资工具,为投资者提供相应的投资渠道,以实现不同投资者都能找到适合自己的、与之相匹配的证券产品或投资组合。随着证券市场信息化、数字化的快速发展,证券市场的产品创新也正在加速,投资者对证券产品的选择已经不仅仅局限于传统的股票形式了,因此成熟的证券市场应当能照顾到不同类型投资者的差异化需求,为其提供差异化的证券产品。但是,长期以来,我国证券市场尚未形成有效的标准化金融工具,而且制度设计多是从融资端、发行人的角度考虑,市场是为上市公司服务的市场,《证券法》是一部"股票法",在资本饥渴和融资功能主导下的资本市场,投资者的投资需求和正当利益被忽视,这不利于投资者的保护工作,也不利于市场的健康发展。

(三)分类标准和方式的粗疏

从个体角度出发,证券投资者分类的目的应当是有效区分投资者的风险识别能力、抗风险能力、自我保护能力等核心要素,在此基础上进行相关差异化的制度安排。在投资者分类的标准和要素方面,我国相关规则已经规定了用诸如财务实力、投资经验等指标来分类的要求,但是通过比较研究以及国内整体性规则的比较可以发现,当前我国对投资者分类的标准还比较粗疏。

以不同层级和不同市场中对合格投资者的财务实力要求为例,不同规则中的判断尺度、标准和要求并不一致。这不仅仅体现在对数字的不同要求,因为若不同市场的风险和交易复杂程度存在差异,那么设置不同数额的财务实力要求是合理且应当的。但是却在确定财务实力的尺度和计算基准问题上并未作出统一的、精细化的规定。如在《适当性管理办法》中对个人型专业投资者提出了"金融资产"或"年均收入"

的财务实力标准,《资管新规》中自然人型合格投资者则要求"家庭金融净资产""家庭金融资产""本人年均收入"达到特定金额;对于法人或其他组织型投资者而言,《适当性管理办法》要求专业投资者需要满足"净资产"要求,新三板市场则采用"实收资本""实收股本总额""实缴出资"的衡量尺度。对财务实力判断尺度的不统一,在不同市场和交易中会产生不一样的理解和投资者分类结果。

在分类方式问题上,当前我国对投资者的分类、风险测评等工作,实际上是在证券经营机构的适当性管理中实现的。从实践情况来看,目前各大证券经营机构对投资者的调查和分类,主要是通过问卷调查和评测的方式进行的:证券经营机构设置一系列问题,其中包括客户资产情况、投资经验情况、风险偏好以及预期收益等问题,由客户或投资者填写问卷,销售人员或者计算机系统可以根据问卷计算得分,进而对投资者进行用户画像的测绘,进行分类或划分等级。对于问卷测评这一做法来说,目前尚没有研究或者实证表明这种做法的准确性或解释力。虽然各大证券公司、基金销售公司或银行等都是按照该等流程操作的,但是在规则层面尚没有统一的操作规程,因此在没有统一、完善、可操作标准的情况下,不同机构的问卷问题和评分标准都不同,而且一些问卷问题设计和打分测算方面实际上存在缺陷,这也是为什么虽然关于投资者适当性的要求由来已久,但是证券经营机构有效实行并进行风险匹配时一直有效性不足。在这种情况下,投资者的分类结果不可避免会存在偏差,投资者分类以及投资者适当性管理制度都没有成为保护投资者的有力手段,反而还为投资者风险错配和个人风险控制埋下了隐患。

总结看来,对比其他国家或地区证券市场中对投资者的分类制度,我国投资者分类不同规则中的标准存在着尺度不一的冲突,具体标准也未结合证券市场和投资者实际情况进行细化。证券投资者分类问题如此重要的原因在于,如果对分类标准过于宽泛松散,则会丧失保护投资者的效用,过紧则可能会限制投资者的权利,造成保护过度。因此对投资者差异化保护的前提是证券投资者的合理分类,我国相关规则应进行针对性的改革和完善。

第三节 我国证券投资者分类制度的完善

对证券投资者的分类可以沿着两条轴线展开,一是垂直维度,二是水平维度。水平维度是对证券投资者在不同市场的描述,在水平维度上,相同交易市场的证券投资者具有更多的相似性;垂直维度则描述了证券投资者的内在差序结构,一般具有上级层次、下级层次和基本层次的平面。不同市场的投资者和投资者层级在纵横两个维度上形成了统一连续体,是对证券投资者分类制度的结构描述。

一、证券市场的分类

美国金融危机带来的启示是,在对证券产品和证券市场进行类型划分时,应控制市场风险,将具有相同风险属性的证券产品和证券市场归为一类,并制定与之相符的交易和监管规则。[①]对不同证券市场按照风险的不同进行分类,可以使监管者合理配置监管资源,对于证券经营机构而言,也可以对投资者进行不同程度的风险提示和产品推荐。对证券投资者的分类需要具体到其所在市场的具体情况,因此对不同的证券市场进行分类是对证券投资者分类的前提。

（一）投资者分类背景下证券市场分类的必要性

证券市场和证券产品本身具有复杂性和多样性的特点,从需求和供给到业务安排和规则设计,不同层次和类型都存在着差异化。若将不同证券市场以"板块"来区分,具有相同或者类似特性的证券在同一市场板块中发行和交易,不同市场"板块"之间,是既有联动性又相对独

---

① 参见马国泉:《论金融商品的规制与监管》,《法学研究》2008 年第 8 期。

立的关系。证券市场"齐涨齐跌"的现象可以印证不同证券市场板块之间的内部联动效应;同时因为证券市场的结构复杂,不同板块中的市场定位、证券特征、投资风险、监管制度和投资者需求都具有明显的差异。对于处于不同证券市场上的证券投资者而言,投资者的行为也有联动性和独立性:联动性表现在投资者的投资行为如非理性投资、跨板块配置投资组合以及投机等行为;独立性则体现在一些设置有投资者准入门槛的市场中,使得某一板块的投资者在投资偏好、财产实力、投资经验等方面更具共性。从证券市场"版图"的水平维度来看,形成了不同证券投资者的聚集,区分不同类型的证券交易市场,从而对不同市场的证券投资者作以横向的划分,是对特定投资者"域"的回应。

从证券产品的角度来看,根据《证券法》,我国的"证券"包括股票、公司债券、存托凭证、政府债券、证券投资基金份额、证券衍生品以及其他国务院依法认定的其他证券。在当前仍是分业经营的金融市场大背景下,证券行业、基金行业、保险行业、信托行业都有其各自经营的证券性质产品。证券公司除了进行一般的股票、债券承销保荐和经纪业务外,还提供资产管理业务;基金管理公司除了发行证券投资基金,还可以发行专户理财产品来进行证券投资;①商业银行由传统的存贷款业务,已经发展出一系列投资性金融商品,银行理财产品有固收类、现金类、资本市场类、结构性理财类,银行业已经与其他金融行业相互渗透;保险公司则在传统人寿保险基础上发展分红型、万能型、投资连结型等形式的保险业投资产品,②具备极强的投资理财性质;信托行业中,我国现有的信托产品一般都是具有投资功能的金融产品。从现有行业中出现的投资型金融商品来看,银行业、保险行业、信托行业发行的相应

---

① 2012 年证监会颁布了《基金管理公司特定客户资产管理业务试点办法》,肯定了基金管理公司可以向特定客户募集资金或者接受特定客户财产委托担任资产管理人,为资产委托人的利益,运用委托财产进行证券投资的活动。

② 参见肖旭:《投资性保险全接触》,《财会通讯》2007 年第 3 期。

产品,与传统意义上的证券产品都有一定的交叉和雷同。因此,分业经营模式下,相关投资产品未进行类型化分析,这导致监管规则不统一,不利于市场风险控制,也会增加投资者的交易成本,不利于投资者权益保护。[①]

(二) 区分普通证券市场和特殊证券市场

从市场功能来看,证券市场可以分为发行市场和交易市场;根据发行方式不同,证券市场又有公开发行市场和私募市场之分;根据不同的证券产品情况,有股票、债券、基金、期货市场的区分。当这些分类方式融汇在一起时,对于投资者而言,形成了一个层次不清甚至存在重叠的逻辑版图,但是结合我国证券市场实践来看,不管是在证券发行场合和证券交易场合、公开市场和私募市场、不同类型证券的交易板块,都能依照是否需要投资者准入为标准进行板块划分。

对投资者设置有准入门槛的市场一般认为是高风险证券市场。这些市场的交易产品可能具有高风险性,如期货市场的交易产品是衍生品,保证金交易具有很强的杠杆性,因此较一般 A 股市场的证券交易风险更高;还有的证券市场中交易产品结构复杂,如组合交易、指数关联交易,[②]这些证券产品的交易结构经过多层嵌套和指标的组合,对投资者理解该等投资的能力提出了要求;另一些证券市场处于新兴市场,相较成熟的证券市场风险更大,对投资者的风险承受能力和理性程度要求更高,因此对这些市场设置投资者准入门槛。

对于证券投资者而言,市场准入本身就是按照投资者资金实力、风险承受能力、投资经验进行的群体划分,已经具备了理论和实践分类基础。因此,以证券是否有投资者准入要求为标准,可以将证券市场分为

---

① 郭峰、秦川川:《金融服务法视角下的金融投资商品类型化研究》,《金融服务法评论》2018 年第 9 期。

② 参见[美]罗伯特·L.麦克唐纳:《衍生品市场基础》,任婕茹、戴晓彬译,机械工业出版社 2009 年版,第 72 页。

普通证券市场和特殊证券市场,投资者也在水平维度上分为普通证券市场投资者和特殊证券市场投资者。

二、证券投资者的具体分类

(一) 当前我国证券投资者的结构层次

证券投资者这一范畴下辖的成员地位和能力并不是平等的,而是可以被划分为一定的层级性。在垂直维度,投资者的交易能力从基础层级向高级层级呈现递增变化,而且不管是普通证券市场投资者还是特殊证券市场投资者,都根据其交易能力的差异存在着差序等级,并呈现出层次特征。

我国《证券法》将投资者分类为"普通投资者"和"专业投资者",从适用范围来说,专业投资者和普通投资者的分类可以适用于所有证券市场、产品或服务。法律授权由证监会规定二者的具体标准,也即《适当性管理办法》中关于专业投资者和普通投资者的规定。《适当性管理办法》中规定专业投资者包括金融机构、理财产品、养老基金与公益基金、符合条件的法人或其他组织,以及符合相应条件的自然人五大类,除了这五类投资者之外的视为普通投资者。也就是说,普通投资者的范围极广,只要不符合专业投资者要求的投资者就是普通投资者。

从适用范围来说,专业投资者和普通投资者的分类可以适用于所有证券市场、产品或服务。因此,在普通证券市场中,没有准入的限制,所有投资者都可以进入该市场,投资者们可以被分为普通的普通证券投资者和专业的普通证券投资者;在有投资者准入限制的特殊证券市场,这些按照投资者资金实力、风险承受能力、投资经验等标准被区分出来的"合格投资者",其中又有普通合格投资者和专业合格投资者的区别。因此,结合水平方向上证券市场的分类和垂直方向上证券投资者的基本层次,我国证券投资者可以先分为普通证券投资者、专业证券投资者、普通合格投资者和专业合格投资者四个群体(如表6)。

表6　证券投资者的基本层次

水平方向	普通证券市场投资者	特殊证券市场投资者
垂直方向	普通（普通）证券投资者	普通合格投资者
	专业（普通）证券投资者	专业合格投资者

（二）不同结构层次证券投资者的辨析

以此"纵横"为标准进行的投资者类型划分，各类型投资者之间不仅存在区别，而且还存在着重合。以"专业投资者"和"合格投资者"之间的关系而言，一是监管角度不同，专业投资者主要是从规范经营机构行为的角度出发，要求证券经营机构根据投资类别推荐匹配的产品或服务，合格投资者是对特殊市场的准入要求。二是"普通"或"专业"的区分标准具有普遍性，因此不同合格投资者之间存在交易能力的区别，也存在普通合格投资者和专业合格投资者的类型区分。因此，专业投资者不一定都属于合格投资者，因为在普通证券市场中，对专业投资者没有最低投资限额的要求，但是如私募投资基金、部分资管产品等证券交易中，要求合格投资者满足最低投资限额，所以专业投资者不一定都属于合格投资者。同时，合格投资者也不一定都属于专业投资者，因为根据当前的规定，自然人专业投资者需要满足"金融资产不低于 500 万元"等底线要求，但是如创业板、科创板、新三板等特殊市场中合格投资者的要求远低于专业投资者要求，同时，各证券市场板块并非相互独立，不仅存在着风险传导，而且同一证券投资者也经常会多市场交易，如开通创业板市场投资权限的投资者，通常会同时进行主板市场和创业板市场的投资，此时，其可能就具有普通证券投资者和普通合格投资者或专业投资者和专业合格投资者的重合身份。

特殊证券市场中的专业投资者，在普通证券市场中也都具有专业投资者的身份。这一部分投资者"专业性"的原因，是其本身的一些固有属性和身份特征，使得其无论在何种市场都有识别风险和承担风险的能力。

　　但特殊证券市场中的普通合格证券投资者与普通证券市场的普通投资者之间却不是完全对应的关系。首先,普通合格证券投资者实际上与专业投资者之间具有更多共性。因为那些不符合特殊证券市场准入要求的投资者,在普通证券市场中,绝大部分也是普通市场的普通投资者。其次,也不是所有普通合格投资者都是专业投资者,依当前规定对非机构类专业投资者的资金和投资经验等要求都较高,但是如创业板、科创板、新三板等特殊市场中合格投资者的要求远低于专业投资者,因此能够承受特殊证券市场投资风险的投资者,也可能不属于专业投资者的范畴,也就是说这部分普通合格投资者在普通证券市场对应的是普通投资者那一部分。

　　同时,普通证券市场的专业投资者也并非与特殊市场的合格投资者范围完全对应,因为存在一些专业证券投资者也不符合特殊市场的准入要求,导致专业投资者不合格的原因是特定市场对投资者有一些投资者主体要素之外的要求,如设置有最低投资(认购)的要求,部分专业投资者基于工作经验,具有较强的风险识别能力,但是风险承受能力有限,所以这部分普通市场的专业投资者也不属于合格投资者,即专业非合格投资者。

　　总结而言,专业投资者不一定是合格投资者,合格投资者也不一定是专业投资者,二者存在极大程度的重合,但也有各自独立的部分,是范围交叉的关系。

　　(三) 证券投资者分类的细化与修正

　　在投资者分类或分级的问题上,根据境外经验,英国证券市场、欧盟 MiFID 对投资者都是采取"三分法",将投资者分为"适格交易对手""专业投资者"和"零售投资者"三大类别;日本在"两分法"的基本结构下,又细分成了四种不同类型的投资者。对比我国关于证券投资者的分类,在基本分类方面仅采用简单的二分法,没有进行进一步的类型细化,而且与现实情况下我国证券市场投资者的层次结构不相适宜,因此应当在对证券市场的类型区分和投资者的层次结构分析的基础上,进行进一步的类型整合。

如前所述,在横向上以是否属于特殊证券市场的"合格"标准,纵向上分别以"专业"或"普通"为标准,进行证券投资者范畴的划分,在证券投资者的层次结构基础上,对每一层次的投资者进行细化分析,我国证券投资者可以再分为当然的普通投资者、合格的普通投资者、专业的普通合格投资者、专业的非合格投资者和专业的合格投资者五种类型。其中"专业的合格投资者"与英国的"适格交易对手"相对应;"普通非合格投资者"是"零售投资者";那些进入特殊证券市场的普通投资者,其身份经历了从"普通投资者"到"合格的普通投资者"身份转换,需要满足一定的准入门槛要求,或者通过证券经营机构的测试,这与英国证券市场"可选择的专业投资者"相对应;我国证券市场上那些"专业的非合格投资者",其若想要成为"合格投资者",也需要进行合格与否的身份验证和转换,这也与英国证券市场"可选择的专业投资者"逻辑相符;而那些进入特殊证券市场的专业投资者,这部分投资者既符合专业投资者的要求,又满足特殊证券市场的准入要求,因此与"当然的专业投资者"相对应。

因此,根据证券投资者的专业或合格身份是否需要证券经营机构认证和能否转换,对五种证券投资者的现实类型进行再梳理,我国证券投资者也可以归为"零售投资者""专业投资者"和"适格交易对手"三类,其中专业投资者包括可选择的专业投资者、当然的专业投资者两种类型。同时,相对于境外"零售客户""专业客户""特定投资者"的称谓,在我国既有的投资者分类话语体系上,通常都以"普通投资者"来表示与零售投资者相同的意味,因此我国证券投资者的分类当以"普通投资者""专业投资者"和"适格交易对手"的分类较为合宜。

对于这三类投资者的具体内涵,适格交易对手是指那些专业化程度极高的、与证券服务提供商具有相当市场交易能力的投资者,在我国指那些金融机构及子公司、私募基金管理人、理财产品、特殊基金等机构投资者;当然的专业投资者是指那些满足专业投资者要求的法人或其他组织、自然人投资者,同时满足特殊证券市场准入要求的投资者;可选择的专业投资者则包括两部分投资者,一部分是专业非合格投资者,另一部分是合格的普通投资者,这部分投资者的"合格"身份不是自然获得的,而是需要在满足专业投资者和合格投资者条件的基础上,进行身份类型转换,前者可以向合格投资者转换,后者是由普通投资者转换而来。除前述的投资者,皆属于普通投资者一类,其既不符合专业投资者的标准要求,也不能转换为合格投资者。(见表 7)

表 7   我国证券投资者的细化分类

投资者类型	普通投资者	专业投资者		适格交易对手
		可转换的专业投资者	当然的专业投资者	
是否可以转换				
具体内涵	普通投资者	专业非合格投资者 合格的普通投资者	专业的普通合格投资者	专业合格投资者

三、证券投资者分类标准与分类方式的改进

对证券投资者进行分类,要综合投资者的客观情况和主观特征进行综合的、动态的判断。在具体分类标准方面,应当适度并且具有一定制度弹性,考虑投资者的自我保护能力情况,还要平衡保护投资者和融资便利之间的关系。因此,我国证券投资者分类标准和分类方式需要做进一步改进。

(一)不同类型投资者的标准及识别

适格交易对手的识别由立法或者监管机构进行直接确定,主要是特定类型的金融机构或者达到一定资金实力的法人公司。因为适格交易对手作为特定的机构,其在设立和运行过程中,已经满足相关部门对行业准入的要求和限制,因此在具体交易中,仅需以"身份属性"标准进

行判断即可。只要符合特定的身份资格要求，就属于适格交易对手，不为其提供特别的倾斜保护。

对于专业投资者的识别仅凭投资者身份属性是无法达成的，因此要在交易过程中进行具体的评估，具体由证券经营机构在提供服务时对投资者进行类型评估。这是因为专业投资者的界定和认定个体个性较强，相关监管和市场交易规则可以提供一个基本的标准，如特殊交易市场中对合格投资者的要求，但是关于专业知识、投资经验的问题，是需要主观判断的，因此客观上设计的标准需要在具体投资实践中进行。而且专业投资者的判断需要具体到某一个市场或者某一种证券品种的交易中，因此对专业投资者的识别应由证券经营机构进行。对于具体标准而言，那些满足专业投资者要求的法人或其他组织、自然人投资者，欲想进行特殊证券市场的证券交易时，同时满足该市场对合格投资者的要求，即属于当然的专业投资者；若不满足专业投资者的需求，但是想作为合格投资者进行高风险市场的证券交易，那么这部分普通投资者可以向提供服务的证券经营机构提出申请，进行投资者类型的转换，成为专业投资者。

不符合适格交易对手和专业投资者的证券投资者，原则上都属于普通投资者。对于不符合专业投资者要求、也不满足特殊证券市场合格投资者要求的那部分投资者而言，一般认为这些设置投资者准入门槛的市场较普通证券市场风险更大，他们在资金实力、投资经验等方面都存在能力缺失，允许这部分投资者参与高风险证券市场的交易将导致市场的低效，此时不能仅为了活跃市场而偏废了投资者保护的价值目标。同时，由于不同特殊证券市场中证券产品、投资标的质量和交易规则等不同，具体风险也各不相同，所以不同特殊市场的专业投资者标准一般也不统一。

（二）具体分类标准的细化与修正

在具体认定标准上，特殊证券市场对专业投资者一般有资金实力的要求。当前我国对资金实力的判断出现标准不统一、精细化不足的问题,因此需要对这些具体的标准进行细化和修正。

第一,不同市场对专业投资者资金实力要求,应当与该特定市场的特征相符,还需要以整体证券投资者的经济实际实力为依据。

以新三板市场的投资者资金准入门槛为例,一直以来,新三板市场自然人合格投资者的准入门槛,都因过于严苛、一刀切而饱受争议。[1]在市场发展初期,对自然人投资者要求必须拥有至少价值 500 万元的金融资产,准入门槛体现了我国投资者管理的特殊性,是为了保护中小投资者权益。但是,新三板市场作为一个公开市场,其对投资者的准入要求却如私募市场一般严格,甚至高于一些私募投资基金的合格投资者要求,因此使得市场流动性不足,也侧面反映出一些私募基金、分级基金产品的适当性安排并不适当。当前,新三板市场内部已经进行了分层改革,基础层、创新层、精选层的挂牌公司在规模、盈利、信息披露要求等方面都不同,那么不同层次的投资者也应不同。[2]因此,新三板市场不仅整体降低了投资者的准入门槛,而且由"一刀切"式的要求转变为"阶梯式"的要求,[3]不仅回应了"各界关于降低认定标准门槛数额的呼声",而且提高了对投资者分类和识别工作的精细化水平,扩大了市场投资者规模,并可以有效提高新三板市场的流动性。[4]

---

① 张异冉:《我国股票市场合格投资者认定标准改革——以自然人的认定标准为例》,《上海金融》2020 年第 5 期。

② 孙当如:《完善区域性股权市场个人合格投资者制度的探讨》,《证券市场导报》2015 年第 11 期。

③ 修订后的《全国中小企业股份转让系统投资者适当性管理办法》主要对金融资产门槛进行调整优化:一是从整体上降低了金融资产门槛,从原有的拥有价值 500 万元金融资产改为最高 200 万元的金融资产门槛;二是设置阶梯式的金融资产门槛,向基础层、创新层、精选层挂牌公司股票发行进行投资的自然人对应的金融资产门槛分别为 200 万元、150 万元、100 万元。

④ 邢会强:《新三板市场的合格投资者制度及相关制度改革》,《环球法律评论》2018 年第 6 期。

　　第二,在"净资产""金融资产""证券资产"这一系列不同的标准尺度上,当前并不统一。如"证券资产"和"金融资产"相比较,从证券资产到金融资产的变化,是扩大了口径范围。因为证券资产只是金融资产的一部分,对于投资者来说,尤其是将银行存款这一金融资产纳入统计口径中来,原本不能满足证券资产最低要求的投资者,因为存款类资产的加入而可以进入相关市场进行交易,是对特殊市场合格投资者条件的放宽。对于净资产的计算,居民住房也作为资产的一部分,则高房价城市的投资者都能满足专业投资者的财务实力要求。在此情况下,这些投资者可能同样是金融知识和投资经验匮乏,在受保护需求上和那些资产实力不足的投资者并无二致。美国和英国关于投资者分类的标准中,在计算投资者个人资产时,将剔除主要居住房产和住宅所获抵押贷款款项的价值。因此,我国对自然人投资者在计算和衡量个人资产时,也应剔除其主要居住房产价值,以及若存在抵押贷款,也应进行扣除。

　　第三,投资有损失的可能性,不管投资者资金实力有多强,都不能承担全部损失的后果。因此设置投资比例,强制要求其分散投资就愈加显得富有意义。美国 2012 年通过的《乔布斯法案》,其中一大特色就是规定在证券发行豁免的场合,要限制投资者的投资比例和最高额度。[1]这是因为"尽管公众投资者没有风险识别能力,但在投资额度的限制下,却具有了风险承受能力"。[2]通过设置投资金额的上限,实际上是通过强制性的方式来帮助或者要求投资者控制投资风险。

　　同时,对不同类型证券投资者的投资限额限制,也应当根据投资者类型的不同采取不同的标准。如对适格交易对手来说,可以不设置投资比例或投资额度的限制。对于普通投资者的投资额度限制应更为严

---

[1]　黄辉:《中国股权众筹的规制逻辑和模式选择》,《中国股权众筹的规制逻辑和模式选择》2018 年第 4 期。

[2]　彭冰:《公募众筹的理论基础》,《证券法律评论》2016 年卷。

厉,如规定其投资与特殊证券市场的额度限制在50%以内。①而对于专业投资者,也应当具有相应的额度限制,如我国《资管新规》第16条要求投资者进行分散化投资,在投资单只资管产品、同一金融机构发行的全部公募资管产品、同一金融机构全部开放式公募资管产品、同一金融机构全部资管产品投资比例上限的四个层次设置了上限,强制要求其针对高风险市场和产品分散投资就显得更有意义,既可以进行风险管理,也可以更好地满足投资者的风险匹配。

（三）投资者分类方式的改进

采用问卷调查法对证券投资者进行风险承受能力分级的方式,优点是成本较低、普遍适用、评估结果较为直观和简便,但是问题在于,通过问卷调查的方式来分类,难以保证所有证券投资者都能诚实作答,部分题目设置客观性不足,还有的题目会有侵犯客户隐私的风险,分类结果的准确性存疑。因此可以利用大数据等新型技术,重视数据库建设,对投资者数据利用数据挖掘方法进行分析。在评测结果方面,可以将问卷调查结果和大数据测算的结果相比照,来提高准确度,从而不断完善分类结果。

在特殊证券市场的准入阶段,合格投资者不仅应当满足金融资产、投资限额等要求,因为部分财务实力雄厚的投资者,可能也缺乏金融知识和投资经验,这些投资者实难属于合格投资者一列。在科创板投资者的开户过程中,这种合格投资者资格考试已经被采纳,其考试内容主要是围绕特定市场的市场特点、交易规则,不同证券经营机构的"知识测评"问题并不相同,但都是根据科创板配套业务规则拟定的,例如新股申购门槛、退市制度安排、买卖申报数量规定、涨跌幅设置、交易方式等。该等投资者风险认知能力的测评方式,极具针对性,相当于"迫使"

---

① 邢会强:《新三板市场的合格投资者制度及相关制度改革》,《环球法律评论》2018年第6期。

投资者被动学习相关规则。因此应全面推行合格投资者测试,①将是否能通过该考试作为识别自然人投资者是否具有风险识别能力的标准,同时为保证投资者在交易过程中的"合格性",可以定期进行有针对性的测评。

---

① 翟艳:《证券市场投资者分类制度研究》,《湖南社会科学》2013 年第 5 期;邢会强:《新三板市场的合格投资者制度及相关制度改革》,《环球法律评论》2018 年第 6 期。

第三章 证券投资者保护路径的 差异化

    证券市场投资者保护是在政府监督、市场自律、投资者权益主张之间的权衡,此三者对投资者的保护缺一不可,唯"三足鼎立"是投资者保护的必要基础。[①]当前,以信息披露制度为代表的市场保护路径、政府监管保护路径和法律保护路径都各自具有不可替代的优势。整体来看,目前对证券投资者保护的强调呈现单向性,国际范围内保护投资者的宗旨、原则、立法理念也呈现趋同化。但是,不同投资者受保护的需求存在差异,投资者保护法律制度作为一种制度供给,应当视不同类型投资者的需求"量需而供"。因此,证券投资者保护应当由统一保护、同质化保护的理念,转向一个关照类型化投资者异质性的差异化保护路径。

---

① 陈春山:《企业管控与投资人保护》,元照出版社 2000 年版,第 5 页。

第一节　证券投资者保护的主要路径

当前,证券投资者保护的主要路径有信息披露保护路径、证券监管保护路径和法律保护路径等有效形式。信息披露制度是为了矫正市场各方信息不对称现象,而要求信息优势方向弱势方披露必须信息的一种制度安排;①对于证券监管保护路径而言,证券监管的目标、具体规则以及执行实施等,都应当以投资者保护为出发点;②法律制度作为人类社会最优的制度选择,也是维护投资者合法利益的必要路径之一。

一、证券投资者保护的信息披露路径

在证券市场上,信息是投资者决策的基础,如果没有正确且充分的信息,就会出现决策错误或决策不当。③"信息披露制度是世界主要证券市场监管制度的基石,这一理论无论是在崇尚公开信息披露监管哲学的国家还是在崇尚实质性审查监管哲学的国家同样受到尊重和认可。"④一般认为,信息披露制度的逻辑就是通过要求信息优势方向弱势方进行信息披露,投资者只有在掌握投资决策充分且有效的信息,在此基础上作出投资决定,进而"买者自负"的逻辑才是合理的。证券投资者在投资证券产品时,与融资主体、证券经营机构等交易对手之间形成了一种平等的证券投资法律关系,但是因为证券产品虚拟性、价值不确定性以及信息决定性的特点,使投资者有效掌握和理解信息的难度

---

① [美]欧姆瑞·本·沙哈尔:《过犹不及:强制披露的失败》,陈晓芳译,法律出版社2015年版,第6页。

② 吴秋实、陈锐:《从投资者保护角度看我国金融结构与金融监管》,《武汉金融》2004年第7期。

③ 应飞虎:《经营者信息披露制度研究》,《经济法论坛》2003年12月刊。

④ Louis Loss & Joel Seligman. Securities Regulation[M]. Aspen Law & Business, 3d ed. Rev. 1998;29.

加大,因此弱势地位明显。因此,虽然证券交易属于"私人交易",但还是需要公法介入,强制信息强势者履行信息披露义务,通过该种公权力的干预来试图解决证券交易中的信息不对称,矫正双方的利益失衡现象。

　　除了要解决"为什么"披露的问题,信息披露制度还需要解决"为什么人"而披露的问题,这直接决定了信息披露制度的价值取向和利益偏好。在证券市场发展的初期阶段,信息披露制度以监管需求为导向是市场的阶段性特征。①在此阶段,信息披露管理多于信息披露监管,②主要是为了规范市场主体的行为,在内容方面集中于合规性质的信息,对投资者的决策信息并不过多关注。随着市场的发展,这种监管权主导的信息披露制度路径,由监管者代替投资者作决定,使得公司主动信息披露的动力不足,不利于投资者群体的成熟度培育,因此应当向投资者导向发展。

　　信息披露制度欲想发挥有效保护投资者的制度价值,就应面向投资者,以投资者需求为导向做出信息披露的制度安排,着力满足投资者的决策信息需求。在资本市场日趋成熟的过程中,信息披露制度也经历了从"监管导向"向"投资者需求导向"这一质的变迁,以投资者为导向的信息披露制度是证券市场发展的逻辑前提和重要保障。③

　　在投资者需求导向下,信息披露制度对投资者的保护主要可以分为强制性信息披露和自愿信息披露。在强制性信息披露的规则中,只

---

① 程茂军、徐聪:《投资者导向信息披露制度的法理与逻辑》,《证券市场导报》2015 年第 11 期。
② 参见郑彧:《我国证券市场信息披露制度的法律分析——以法律规范文义解释为基础的研究》,《证券法苑》2014 年第 3 期。
③ 甘培忠、夏爽:《信息披露制度构建中的矛盾与平衡——基于监管机构、上市公司与投资者的视角》,《法律适用》2017 年第 9 期。

要可能对证券价格产生重大影响的事项都要求进行披露,在此情况下,强制性信息披露具有广泛性和多样性的特点。对于那些非强制性披露的信息,鉴于披露成本和该信息不一定会给投资者带来积极影响,信息持有者往往持谨慎态度,有学者就指出,企业若无法确定投资者对信息的反应,则会倾向于尽量不进行披露,①因此强制性信息披露制度实际上很难把握适度性的问题。在此背景下,强制性信息披露制度的公法意味开始向私法规范过渡,自愿性信息披露制度的规范意义开始发挥作用。自愿性信息披露是在强制性信息披露所要求的之外,信息披露义务人主动、自愿披露的信息。所谓"自愿"是以非强制性披露的信息来衡量的,作为信息披露制度体系中的重要一部分,上市公司等信息所有者通过自愿披露重要信息,改善和管理投资者关系;对投资者而言,自愿信息披露是一种"投资者友好"型的制度设计,私法自治鼓励信息所有者通过信息披露,可以在强制性规则对投资者的基础保护之外,提供更高层次的保护。

二、证券投资者保护的监管路径

各国证券市场的实践表明,证券市场上存在着市场的不完全竞争、外部性、非公平性、市场的非均衡和市场主体的"有限理性"等一系列市场缺陷因素。②引入政府监管是不完备法律与复杂现实之间的一个折衷选择,政府监管的主动性和相机性能弥补法律不完备性。③由于证券市场存在的市场缺陷问题,为维持证券市场的正常秩序,国家对证券市场的干预和监管势在必行。

证券监管是指政府及其监管部门对证券市场主体行为的监督、管

---

① See Jeroen Suijs: Voluntary Disclosure of Information When Firms are Uncertain of Investor Response, Journal of Accounting and Economics, 2007, 43(2—3):391.

② 李东方:《证券监管法论》,北京大学出版社 2019 年版,第 39—43 页。

③ 许成钢:《法律、执法与金融监管——介绍"法律的不完备性"理论》,《经济社会体制比较》2002 年第 5 期。

理,以及对证券发行、交易等活动进行的调控和干预。证券行业属于高风险领域,缺乏内在稳定性,而且市场操纵和欺诈行为会加剧损害经济效率,因此客观上需要国家在遵循市场规律的前提下,依法干预,化解市场风险,从而保护投资者的合法权益。[①]同时,证券行业是一种带有浓厚公共性的产业,"证券已成为公民私有财产之重要构成部分,而与大众利益息息相关"。[②]因此证券市场绝不是"不受外界干预的私人俱乐部",而是深具公共性。为了保护公共利益以及个体投资者的利益,证券市场的高风险性、高投机性、浓厚公益性特征决定了对其监管确有必要。

当前,国际证监会组织(IOSCO)将投资者保护列为监管目标之一,作为其制定准则的宗旨和出发点;欧洲证券委员会论坛(FESCO)于2001年发布了《协调保护投资者的核心商业行为准则》;美国1933年出台的《证券法》和1934年的《证券交易法》,两部法律的核心目标都是保护投资者利益和防止欺诈行为,成为美国对金融投资者权益保护的基本法律依据;日本《证券交易法》中将保护投资者利益作为立法宗旨;我国《证券法》也特别将"保护投资者合法权益"作为法律宗旨。从世界范围内的证券监管实践来看,当前强化对投资者权益的长效保护,已经成为证券监管的重要目标之一。

证券监管部门通过对证券发行与上市的监管、对上市公司的监管、对证券经营机构和服务机构的监管以及危机预防和处理方面实现对投资者的保护。证券发行是发行人将自己所发行的证券出售给投资者的过程,[③]证券发行作为市场的"准入阶段",这是对市场主体和证券产品进入证券市场的第一个环节干预,是其他投资者保护措施的前提

---

① 参见赵万一:《证券市场投资者利益保护法律制度研究》,法律出版社2013年版,第67—69页。
② 参见赖源河:《证券管理法规》,台湾成阳印刷股份有限公司1996年版,第2—3页。
③ 李东方:《证券法学》,中国政法大学出版社2017年版,第27页。

和基础。在证券交易的过程中,各市场主体都旨在寻求自身经济利益的最大化,但是并非所有自利行为都符合市场发展的要求。为了维护证券市场秩序,监管机构通过制定一系列证券交易禁止性行为和相应的处罚措施,对内幕交易、市场操纵、证券欺诈等行为进行监管,使对投资者的保护落实到实践层面。证券市场危机产生的原因十分复杂,证券市场危机监管在众多举措中具有十分基础性的地位。危机监管是一项全方位、复杂的系统工程,需要多方面的技能和知识。[①]在证券市场中,证券监管部门通过监管措施,在事前预防市场危机,事中、事后进行危机管理,以达到回避和防止危机、将危机所产生的损害降低到最低程度的目的,以防范系统性风险,可以有效保护证券投资者。

三、证券投资者保护的法律路径

市场经济是法治经济,法律制度的有效实施是证券市场运行的制度保障,也是弥补市场缺陷的"良方"。法律的自身特性决定了它是一种具有优势的投资者长效保护机制,对于规范证券市场行为、稳定市场秩序具有重要意义。

证券投资者保护的法律路径具有其特殊优势。首先,法律具有稳定性的特点。在强调交易效率至上的证券市场中,为市场的运行和交易规则提供一套稳定的规范,以适应形势变化的资本市场,能为投资者提供长期、稳定的保护。其次,法律具有最高权威性。在证券市场的交易中,证券法律制度可以对整个市场秩序或者市场主体起到约束作用,若出现破坏市场秩序的违法行为,证券监管部门以及司法机关都可以依据法律对其作出相应的惩处。再次,法律具有普遍规范性,在证券市场上,公开、公平、公正是市场运行的基本原则,法律可以助力于建立一个行为规范化的证券市场,对投资者予以高效保护。在法治化的证券

---

① 参见刘李胜:《上市公司危机管理》,中国时代经济出版社 2009 年版,第 2 页。

市场上,法律制度可以规范市场参与者,防止市场失灵,还可以约束政府权力的运用,防止监管失效。

随着对投资者保护问题关注度和重视程度的提高,法律对投资者保护的水平也日益提高。通过比较考察,提高投资者的法律保护水平需要同时进行立法方面和司法方面的改革。在实体法层面,通过涉及实体公司法和证券法律制度的改革,各国在提高投资者的法律保护水平问题上存在共识。英国第一个着眼于保护投资者权益的法律,是1944年生效的《防止欺诈(投资)法》;1986年英国《金融服务法》颁布,这是第一部专门的、相对全面的投资者保护法律规范,并成立了专门的投资者权益保护机构。美国对投资者权益保护的基本法律依据是1933年出台的《证券法》和1934年的《证券交易法》,1970年又颁布《证券投资者保护法》(SIPA),建立证券投资者保护公司(SIPC),正式构建了投资者保护制度;2002年出台的《萨班斯—奥克斯利法案》加强了信息披露和财务会计处理的准确性,以从源头上保护投资者利益;2010年颁布的《多德—弗兰克法案》,树立了美国证券投资者保护的里程碑。①

在司法改革方面,证券市场的秩序规范除了要对投资者提供事前保护以外,还需要建立和完善投资者赔偿制度。英国2000年的《金融服务与市场法》和2010年的《金融服务法》完善了对投资者损失赔偿的法律规定;美国1988年制定的《内幕人交易与证券欺诈执行法》和1995年颁布的《私人证券诉讼改革法》加强了对证券欺诈等行为的诉讼机制。我国早在1993年颁布的《股票发行与交易暂行条例》就规定了对各种违规行为的行政处罚和刑事诉讼;2003年出台的《关于审理证券市场因虚假陈述引发的民事赔偿案件的若干规定》,是最早直接关于投

---

① 庞小凤:《我国证券监管转型背景下的投资者保护研究》,对外经济贸易大学2015年博士学位论文,第44页。

资者民事利益保护的规范;2006 年《证券法》中规定建立证券投资者保护基金;2020 年《证券法》则创新规定了证券代表人诉讼等诉讼机制,开启了投资者法律保护的新征程。

为加强证券投资者的法律保护水平,有人建议将投资者保护水平更高的英美法进行法律移植。但是即使在英美法系,一些重要问题也尚未达成共识,比如证券集团诉讼制度这一美国证券市场的重要机制,在英国却也未行其效。因此,虽然在某些方面英美法系对投资者保护的水平高于大陆法系,但是如何从现状过渡到理想的状态还需要进一步思考。[①]

第二节　我国证券投资者保护的路径选择

一、我国证券投资者保护路径的特点

对投资者保护路径的演化进程作以分析,以信息披露方式来保护证券投资者的路径不断扩张,证券监管主导投资者保护进程的趋势也在国际范围内得到体现,而且当前对证券投资者的法律保护呈现出明显的"父爱主义"倾向,可以发现证券投资者保护路径的演化呈现出扩张化、同质化的特点。

（一）信息披露保护路径的扩张趋势

证券市场信息披露制度是一个从无至有的建设过程,也是一个对信息披露深度与广度的探索过程,这在侧面反映出对证券投资者保护问题的认识从单纯走向成熟,投资者保护价值从单一走向复合。纵观我国证券投资者信息披露保护路径的演化过程,可以发现这是一个信息披露路径持续扩张的过程。

---

① 赵万一:《证券市场投资者利益保护法律制度研究》,法律出版社 2013 年版,第 94—98 页。

从信息披露制度所要求的披露内容来看,证券市场披露信息的要求经历了从无到有、从简单到详细的扩张。信息披露理念的形成,经历了一个从会计账簿到财务报表到财务报告再到规范的信息披露制度的过程。[①]12世纪到15世纪,意大利城邦中的信息披露是为了让行政管理者、公司所有者了解公司经营的情况,因此经营者需要向当地行政长官以及投资人"披露"会计账簿,[②]此时制度具有较强的自治性。17世纪初,英国与荷兰市场上出现了通过募集股份而筹集资本的公司主体,这些主体负有诚实披露自身经营信息的义务。英国1884年《合股公司法》中关于"招股说明书"的规定被认为是强制性信息披露制度的首次确立,要求股份公司披露财务报表等重要信息。美国1933年《证券法》和1934年《证券交易法》继承了信息披露的理念和原则,并建立了真正完整意义上的信息披露法律制度。其中1933年《证券法》要求首次公开发行股票的公司披露发行人信息、拟发行证券的信息以及相关财务报告;1934年《证券交易法》则区分了强制披露的信息和可供选择披露的信息,并在"硬信息"之外,还鼓励"软信息"的披露,使得信息披露义务主体所要披露的内容越来越多。

在我国证券市场中,信息披露制度被寄予重任。在规则层面,从《证券法》《公司法》,到专门针对信息披露的"信息披露实施细则""信息披露内容与格式准则"等法律法规,在具体的证券交易市场中还有各自的信息披露规范,我国证券信息披露已经在不同法律效力层级的规范中得到规范。此外,不仅证券发行人要在一级市场进行招股说明书、上市公告书等信息披露,在二级市场的交易过程中,上市公司还要履行持续信息披露的义务,按照要求披露定期报告、临时报告等。在证券发行注册制改革的大背景下,可以预见的是信息披

---

① 葛其明:《证券市场差异化信息披露法律制度比较研究》,上海交通大学2018年博士学位论文,第47—51页。

② 蒋顺才:《上市公司信息披露》,清华大学出版社2004年版,第32—33页。

露的相关规则还将进一步补充和完善。此外，证券市场的信息披露制度还逐渐扩展到银行和保险等领域，目前，信息披露已经发展成为整个金融监管制度的重要组成部分。①针对信息披露制度的扩张趋势，有学者就直言道："整个美国联邦证券法贯穿了一个反复出现的主题：一开始是信息披露，接着还是信息披露，然后是越来越多的信息披露。"②

（二）证券监管主导投资者保护的趋势

从投资者保护路径的发展进程来看，虽然国际范围内不同国家和地区证券市场的特征不同，但是仍然呈现出一定的共性因素，在投资者保护的宗旨、原则、立法理念上存在共性，而且呈现趋同化特点。在投资者保护进程演进的问题上，主要表现为投资者保护通常是"监管主体推动、监管客体执行、监管规则导向"，呈现出明显的监管导向和相机保护的特点。

从投资者保护监管法规的出台背景来看，各国投资者保护监管规则和法律制度的出台，多是危机推动和问题导向的结果。当出现市场危机或投资者利益受损时，监管者常常"亡羊补牢"，在事后进行弥补，少有事前的防范政策。在应然逻辑上，证券监管的目标设计、制度安排以及工作重点，需要立足于投资者保护。③但在证券监管主导下的投资者保护，二者之间的逻辑关系出现倒置，不是为了保护投资者而进行市场监管，而是为了实现监管目标而保护投资者。

我国证券市场本身就"政策底色"浓厚，发展过程是一场符合国家

---

① 参见邢会强：《金融法上信息披露制度的缺陷及其改革——行为经济学视角的反思》，《证券市场导报》2018 年第 3 期。

② ［美］路易斯·罗思、［美］乔尔·赛里格曼：《美国证券监管法基础》，张路等译，法律出版社 2008 年版，第 29 页。

③ 吴秋实、陈锐：《从投资者保护角度看我国金融结构与金融监管》，《武汉金融》2004 年第 7 期；庞小凤：《我国证券监管转型背景下的投资者保护研究》，对外经济贸易大学 2015 年博士学位论文，第 28 页。

"成本—收益"计算的诱致性制度变迁,①政府在市场的定位、节奏与发展方向方面都起到了主导作用。②在此情况下,监管者"重审批、轻监管",市场中介机构利益驱动,这也是我国与国外投资者保护和监管制度的区别。因此,面对失效的市场和亟待保护的投资者,政府监管的主动性和相机性也能弥补法律不完备性。③

（三）证券投资者保护法律制度的"父爱主义"倾向

行为金融学的研究表明,对理性投资者的假设只是一种理想状态。理想化的"经济人"可以确保其决策完美,所有行为都能实现自利,近代民法中平等、自由、完全自知的"理性人"就是在此基础上发展而来的。④然而投资者往往会表现出风险厌恶、乐观偏见、概率忽视、禀赋效应等,使"完美决策"实际上难以实现。证券投资者保护法律制度为了使投资者免受非理性决策的伤害,选择预先剔除某些危险的"产品",或为投资者的"危险行为"加以干预,或在出现危险时救市托市,呈现出法律"父爱主义"倾向。⑤

在证券发行环节,证券交易所的信息披露审核成为广大证券投资者的"安全垫",以提高证券市场的品质和信用,降低投资风险。除了"筛选"证券发行者外,当法律认为投资者不能自我保护或者分辨投资行为时,还会限制投资者参与某种证券产品或进入特定证券市场

---

① 诱致性变迁与强制性变迁相对,前者是指现行制度安排的变更或替代,或者是新制度安排的创造,是由个人或一群人在响应获利机会时自发倡导、组织和实行;后者则是指由政府命令和法律引入和实行。林毅夫等:《我国经济改革与发展战略抉择》,《经济研究》1989年第3期。

② 孙莉:《我国证券市场上投资者保护的实施特征及其完善方式——一个产权经济学视角》,《兰州商学院学报》2011年第6期。

③ 许成钢:《法律、执法与金融监管——介绍"法律的不完备性"理论》,《经济社会体制比较》2001年第5期。

④ 徐涤宇、潘泊:《私法自治的变迁与民法中"人"的深化》,《法学论坛》2004年第6期。

⑤ 张艳:《个人投资者的保护逻辑与新时代的路径选择》,《当代法学》2019年第1期。

的权利,以使投资者免受伤害。譬如,对于一些私募基金、证券衍生品等高风险证券产品来说,只有那些资金实力更强、有一定成熟度的投资者才有参与交易的资格,而那些不符合资格者则被适当限制了交易权,这既能保护这些投资者,在"入口"处使其远离不能承受之风险;又能避免证券经营机构与遭受损失的投资者之间产生不必要的纠纷。[①]

此外,在证券市场剧烈波动时,政府的"救市"行动呈现出强烈的行政主导性和"父爱主义"特征。"无论是基于历史的经验和教训,还是凯恩斯理论的充分证明,政府救市都有其合理性与正当性。"[②]2008 年金融危机后,为了应对危机,美国通过了《经济紧急稳定法案》,并启动了救市计划,中国当时也通过发行人民币的方式刺激经济。2015 年中国股市出现断崖式下跌,中国政府对证券市场进行了主动、有力的干预,[③]以抑制证券市场的剧烈波动,这也是政府履行经济职能、行使经济应急处置权过程。[④]

在证券投资者保护领域,法律的"父爱主义"倾向是对投资者"有限理性"这一客观事实的让步,在积极意义上确实能够保护那些低理性的投资者,提振市场信心和维护市场稳定。善意的目的、限制的意图、限制的行为,是法律"父爱主义"的主要特征。对部分弱势主体的介入式保护,[⑤]法律"父爱主义"可以防止当事人做出对自己有害的行

---

① 赵晓钧:《中国资本市场投资者适当性规则的完善——兼论〈证券法〉中投资者适当性规则的构建》,《证券市场导报》2012 年第 2 期。

② 薛克鹏:《政府救市行为的法律性质及其法治化模式》,《安徽大学法律评论》2010 年第 1 期。

③ "救市"措施包括中国人民银行宣布为证金公司提供无限流动性保证、财政部承诺不减持所持有的上市公司股票、证监会严厉查处违法交易行为以及公安部积极排查恶意做空线索等。

④ 肖伟:《论证券市场危机下政府救市的适度性》,《海峡法学》2012 年第 2 期。

⑤ 黄文艺:《作为一种法律干预模式的家长主义》,《法学研究》2010 年第 5 期。

为,①可以保障个体实现其社会权利。②但是应当警惕的是,这种"父爱主义"思路,可能也会弱化投资者的风险意识,使投资者错以为国家会为证券市场的发展背书,若以此而进行下去证券投资者保护的法律"父爱主义"倾向不是长期之举,仅是权宜之计。

二、我国证券投资者保护进程中的问题和矛盾

(一) 投资者差异化的信息需求与信息披露超载的矛盾

证券投资者保护的信息披露路径呈扩张趋势,信息披露的内容也呈现出超载化、同质化的趋向。有学者提出,我国目前的信息披露制度,具有监管导向过度、投资者导向不足的双重特征,③信息披露体系应以投资者需求为导向,④而现有研究对不同投资者对信息披露的差异化需求问题关注不足,超载的信息披露与投资者的异质性需求之间存在着矛盾。

不同类型的证券投资者在信息获取能力、信息理解能力上存在差异,因此对信息需求有所区别。在信息获取能力方面,以信息披露义务人为中心,不同类型投资者与信息的"距离"不同。证券发行人通常是"信息源",而公司的控股股东、员工等"内部人"比一般投资者更了解公司的信息,这种关系、地理距离上的优势,是一种信息资源的禀赋优势。⑤而且对于那些适格交易对手类的投资者,相比普通投资者,他们可以实地调研的方式获得一些市场非公开信息,但是普通投资者只能通过网络、社交媒体等渠道获得信息,甚至是从论坛、股市评论员等处

---

① 参见付子堂:《法理学进阶》,法律出版社 2010 年版,第 93 页。

② 崔丽:《转型期我国法律家长主义适用的界限——以"超"法律家长主义的防范为视角》,《西南交通大学学报(社会科学版)》2013 年第 3 期。

③ 程茂军、徐聪:《投资者导向信息披露制度的法理与逻辑》,《证券市场导报》2015 年第 11 期。

④ 赵立新:《构建投资者需求导向的信息披露体系》,《中国金融》2013 年第 6 期。

⑤ 金湖江、王彩:《投资者网络社交互动下的新羊群效应剖析》,《中国市场》2015 年第 5 期。

获取二手或三手的信息,在证券市场信息获取链条上处于最"远端"。而且即使是同样的公开信息,专业投资者也具有更强的吸收能力。[1]也就是说,不同投资者在理解、吸收、内化信息的能力上也存在差异。

在信息披露制度扩张的大背景下,市场监管机构似乎都秉持信息披露"愈多愈好"的理念,"要求"或"鼓励"信息披露义务人在可能的范围内披露更多的信息,而没有考虑成本的耗费以及信息使用者的"边际效用"递减。信息超载在证券市场中广泛存在,如上市公司信息披露文件的同质化、形式化和扩大化引起了投资者的颇多怨言,信息的泛滥使太多的无用信息将投资者淹没,而其中有用的信息又太少,反而会造成投资者信息处理能力的下降,影响投资者投资决策的质量。[2]"过多的披露就像是耀眼的光线,也会令人头晕目眩。"[3]有研究表明当投资者在决策时面临的信息过多时,其倾向于采取简单化的决策策略,此时更多的信息带来的可能不是更优而是更劣的决策。[4]

因此,虽然信息披露对证券投资者保护居于中心地位,但是大量同质化的、无差异的信息使得投资者无法作出更优的决策,甚至产生了信息超载的问题,此时大量堆砌的信息反而会混淆投资者,使信息披露制度无法发挥其制度价值,造成对投资者保护目标的偏离。

(二)证券监管主导投资者保护的局限性

证券监管者在维持市场秩序、保护公共利益的过程中,往往也会

---

[1]　Alon Kalay. Investor Sophistication and Disclosure Clienteles. Review of Accounting Study,2015,20(2):976—1011.

[2]　梁伟亮:《科创板实施下信息披露制度的两难困境及其破解》,《现代经济探讨》2019年第8期。

[3]　罗伯特·J.希勒:《非理性繁荣(第二版)》,李心丹等译,中国人民大学出版社2008年版,第172页。

[4]　Paredes T. A. Blinded by the Light: Information Overload and its Consequences for Securities Regulation. 81 Washington University in St. Louis School of Law. 417 (2003).

受到各种利益集团的干扰。寻租行为、过度监管的扩张、监管目标的偏离和监管政策的滞后都会成为影响证券监管保护投资者目标的因素。

对于我国证券市场来说,我国证券市场带有极强的行政色彩,在规范市场发展和维护市场稳定的目标之间,往往在实际监管中以行政监管手段试图达到调整证券市场价格的作用,但是结果往往适得其反,屡次的股市剧烈异常波动即是例证。整个中国证券市场的发展在很大程度上也是以政府制度安排为推动力的,[①]因此我国证券市场也存在着"一死就放、一放就乱、一乱就管、一管就死"的循环。[②]与整个证券市场"政策市"的特点相似,我国证券投资者也一直表现出对相关政策和规则极其敏感的心理特征,证券投资者被置于一种"相机保护"的策略之下,在此情境中,是否对证券投资者展开保护、实施何种保护机制、采取什么样的保护尺度,都需要依"保护人"的考虑而变动,并需要适应市场的现实情况采取措施。在这种策略下,证券监管对投资者的保护的意识和策略并不稳定,而是需要应时而动,证券监管控制证券市场发展节奏、事前审查以及事后处置的行为,使证券投资者保护呈现出自上而下的、被动式保护的特点,反而不利于投资者保护目的的实现。

（三）法律"父爱主义"对投资者"买者自负"的戕害

实际上,法律"父爱主义"从诞生伊始,来自理论上的质疑就从未停止过。有关法律"父爱主义"对证券投资者保护的倾向之所以得到肯定,是认为政府之理性可以代替那些理性程度不足的投资者,作出理性的行为判断和选择。但是,政府保护本身也存在有限理性,而且法律"父爱主义"的运用是有一定限度的,只有当风险是不合理的,对当事人

① 参见盛学军:《监管失灵与市场监管权的重构》,《现代法学》2006 年第 1 期。
② 高西庆:《论证券监管权——中国证券监管权的依法行使及其机制性制约》,《中国法学》2002 年第 5 期。

行为的直接干预才能被证明为正当。如果无限制地扩大法律"父爱主义"的实行范围,会陷入"超父爱主义"的陷阱,①对投资者的过度保护,与证券市场"买者自负"这一经济法则之间存在着矛盾。

买者自负源自拉丁文"Caveat Emptor",意为"让买者自己当心"。②该原则产生于市场交易过程中,指从事购买行为的主体自行承担购买物品的风险及其损益。在证券交易的场合,"买者自负"原则通常与"投资者风险自担"含义相同,理论上有学者认为其划清了投资者与监管机构、上市公司及证券公司等中介机构的责任界限,③因此应当作为金融交易风险承担的理念基础和规则原点。④从字面意义上看,"买者自负"与"投资者保护"之间似乎处于形式上的对立面,但实际上二者本身是并行不悖的,强调"买者自负"并非不保护证券投资者,而是有助于投资者本身的发展,培养其认识风险、承担风险的能力,若非存在证券市场违法行为,投资者因为其自身的投资选择、持股实践、止盈变现等投资决策而产生的损失,应当由其自己承担。因此,以买者自负原则为基础,对证券投资者的保护从结果来说应当有其限度,而"买者自负"就是其应当承担的市场风险的最低限度。

法律"父爱主义"保护投资者的初衷,是为了保障投资者权利的实现,但是如果干预策略选择不当,给予当事人错误的信息或指导,就有可能达不到预期的效果,甚至出现与善意初衷不相一致的结果。⑤证券监管部门对证券发行节奏的"掌握",会让投资者误认为政府在"控制"市场的涨跌,这会引致投资者的道德风险,使其忘记了自我负责的要

---

① 孙笑侠、郭春镇:《法律父爱主义在中国的适用》,《中国社会科学》2006年第1期。
② [英]L.B.科尔森:《朗文法律词典》,法律出版社2003年版,第59页。
③ 参见叶林主编:《证券法教程》,法律出版社2010年版,第49页。
④ 陈洁:《投资者到金融消费者的角色嬗变》,《法学研究》2011年第9期。
⑤ 崔丽:《转型期我国法律家长主义适用的界限——以"超"法律家长主义的防范为视角》,《西南交通大学学报(社会科学版)》2013年第3期。

义。①又如何确保"保护者"的完全理性呢?②因此,法律"父爱主义"应当受到严格限制,不受约束的"父爱主义"会加剧投资者理性干扰,并可能诱发道德风险。

三、解决问题的基本方向:投资者差异化保护路径

通过上文的分析可以看到,我国的投资者保护路径在演化和发展过程中,信息披露路径的扩张与投资者的信息需求不匹配,证券监管主导投资者保护的过程中产生了一些局限和现实问题,而法律"父爱主义"的制度倾向可能会侵害投资者的自治自决。证券投资者保护路径演化和选择的过程,需要在寻找应然逻辑的基础上,寻找一种妥适的解决路径。

(一)证券投资者保护路径的逻辑

面对投资者保护进程中的矛盾和症结,我国投资者保护路径应遵循何种逻辑进行路径选择? 笔者认为应有三个基本要求:其一,投资者保护路径应建立在投资者异质性的基础上。理想状态下,证券投资者保护法律的制度供给应当与投资者的需求相匹配。同质化的投资者保护路径,忽略了投资者构成多元化、证券市场和证券产品差异化的趋势,从宏观角度看,只有提供投资者需要的保护,才能提高投资者保护工作的质效。其二,对于监管者来说,应摒弃监管"万能"的观念。投资者保护的目的不是限制或禁止投资者的不理性,而是以促进投资者发展为要义。③其三,应强调和体现"买者自负、卖者有责"的原则。买者自负原则体现了近代民法中契约自由的精神,买卖双方都有自由交易的权利,一旦交易达成,就应该严格执行。④在证券交易中,每一个投资

---

① 陈昌华:《A 股市场还有希望吗》,《财经》2005 年第 13 期。
② 禹竹蕊:《从盛行到自持——法律父爱主义在行政管理中的演进》,《深圳大学学报(人文社会科学版)》2017 年第 5 期。
③ 张艳:《个人投资者的保护逻辑与新时代的路径选择》,《当代法学》2019 年第 1 期。
④ 参见何勤华:《美国法律发达史》,上海人民出版社 1998 年版,第 181 页。

者都"应该"知道风险与收益相伴而生,何时交易、以何种价格交易、交易何种证券,基本都是证券投资者自己作出的投资决定,因此,非基于法定情形和正当理由,投资者也不得将证券交易的损失归结于其他人,应损失自担。

（二）投资者差异化保护路径的铺设

证券投资者类型复杂、内涵丰富,在前述对投资者分类的基础上,可以为不同类别投资者受保护需求的前提下铺设投资者差异化的保护路径,确定一个对投资者分类保护的基本框架。

在适格交易对手投资者的保护问题上,一般认为这些专业的、机构投资者具有足够的自我保护能力,在信息优势和投资决策方面具有相当的优势,因此对这部分投资者的保护侧重于用信息披露的保护路径。对于理性投资者来说,单纯的信息义务足以达到他们自我保护的需求,因此应赋予该等投资者足够的投资自由。[1]同时各国家和地区的投资者保护实践表明,这些投资者不是不需要保护,当证券市场发生危机或者存在证券欺诈行为时,任何投资者都可能深受其害,因此要提供与之受保护需求相当的保护,在保护路径上也进行相应的制度安排。对适格交易对手的保护,应发挥信息披露路径的制度优势;证券监管保护在维护市场秩序的基础上,对适格交易对手不仅是保护,还要监督其行为,避免这部分机构投资者可能对其他投资者的损害;而法律制度应保证适格交易对手的自治和自决,在充分且准确的信息保障下,其有能力进行投资决策并自我负责。

对于专业投资者来说,其在信息处理能力、投资经验和风险承受能力等方面是明显弱于适格交易对手投资者的,因此在有限理性和有限能力的情况下,仅向其提供充分的市场信息是不足够的,还要证券监管和法律制度对其进行一定程度的关照。在投资者分类和市场风险划分

---

[1]　张艳:《个人投资者的保护逻辑与新时代的路径选择》,《当代法学》2019 年第 1 期。

的背景下,有时一些满足特殊证券市场准入资格的投资者,反而会在高风险的市场和证券投资中蒙受比普通投资者更严重的损失。在我国多层次资本市场建设和投资者数量不断增加的大背景下,专业投资者群体也会呈现数量级的增长,但是对专业投资者的妥适保护路径尚不完善。在信息披露路径方面,若信息超载则过犹不及,因此应在信息全面与过量之间寻得平衡。证券监管以为投资者提供实质平等的交易环境和合同关系为要义,若专业投资者能够理解并甘愿承受风险,法律不应限制其投资自由。

对于那些理性程度更低的普通投资者而言,即使为他们提供充分的信息,他们可能也无法有效处理这些信息并作出正确的决策,因此证券监管和法律制度需要进一步保护他们免受不必要的伤害。在信息披露问题上,普通投资者对证券市场信息的理解能力有限,上市公司披露的信息一般属于专业性或者行业性的信息,大多数普通投资者存在认知盲区,更不必说有时候信息披露义务方会虚假披露、隐瞒相关信息,更会使普通投资者难以正确理解。因此,信息披露对普通投资者来说也极为重要,但是在所披露信息的形式和内容上,应与适格交易对手和专业投资者之间有所区别,以助推其作出决策。此外,对普通投资者的保护不仅是证券监管者的义务,而且应当强调其中的公共利益意味,建立对普通投资者的社会化保护。对普通投资者的法律保护可以带有"父爱主义"色彩,当市场风险超出投资者认知和承受范围时,以法律制度的理性可以助力那些理性程度不足的普通投资者。

综合来看,打破当前投资者保护路径选择过程中困局的基本思路是:应当立足于以投资者为本的基本价值观,关注投资者的异质性和保护制度的运行效率,以不同类型投资者的受保护需求为视角,在调适既有投资者保护路径的基础上,实现从"一揽子保护"向差异化保护路径的变迁。在此基础上再进行具体投资者差异化保护路径应当如何实现的分析。

第三节　证券投资者差异化保护路径的实现

择定证券投资者的差异化保护路径,是建立在我国投资者保护现实情况的基础上的,是对不同类型投资者所需要的差异化保护有了初步认识。但是从路径确定到具体实现,是一个从客体能够满足主体需要到主体的实际需要真正被满足的转换过程。[①]要实现对证券投资者保护路径的差异化,需要以差异化的信息披露制度为重要内容,让社会诸主体都可以为投资者提供多元化保护,并充分发挥法律对不同投资者的引导和保护作用,以提供对投资者保护的质和效。

一、证券信息披露制度的差异化

为了强化信息披露制度对投资者保护的有效性,需要进一步加大以投资者需求为导向的信息披露制度。实践中,对投资者决策至关重要的一些信息披露反而不足,如研发投入、客户关系、商业模式等非财务信息,因此,要有针对性地改变信息披露简明性不够、可读性不强、连续性不强、可比性不足的缺陷。[②]

（一）投资者需求导向下的差异化信息披露制度

"证券信息披露制度演变的过程,就是一个在钢丝上行走并寻求平衡的过程,钢丝的一边是投资者保护和信息需求,另一边则是公司发展和经济增长。"[③]信息披露制度是随着使用需求的拓展和变化而不断进行扩张、调适和完善的。目前我国投资者保护的信息披露路径中,主要存在投资者需求导向不足和信息超载的问题,对于投资者而言,无效信息太多且质量不够;对于信息披露义务主体而言,则信息披露义务负担

---

①　王智:《价值与价值实现》,《西南民族大学学报(人文社科版)》2005 年第 12 期。

②　徐明:《新三板理论与实践》,中国金融出版社 2020 年版,第 1127 页。

③　廖凡:《钢丝上的平衡:美国证券信息披露体系的演变》,《法学》2003 年第 4 期。

过重;监管者也疲于应对披露信息的监管工作,因此需要进行路径的调适。

证券市场上对信息披露的需求者一般包括监管者、证券市场中介机构和投资者,不同需求主体对信息的"质"和"量"都是不同的。证券监管者当然希望上市公司的信息披露事无巨细,也尽可能细化地制定相关信息披露规范要求,以监管需求为出发点的信息披露带有明显的"合规"倾向;证券市场中介机构可以通过上市公司所披露的信息,来对该上市公司或者证券进行质量判断,以满足其工作需要;投资者会依据市场信息来决定投资方向。从投资者有效保护的需求来看,"以监管需求为导向"的信息披露规范会制约投资者获取有用的信息。只有披露的信息是投资者所需要的,才是有效的信息披露,也只有这样相关信息才能反映到证券价格中,这也是信息披露监管思路和投资者保护理念之间的平衡。

通过对我国证券市场信息披露制度的考察可知,我国已经有碎片化的差异化信息披露规则。根据发行市场与交易市场的差异、不同板块之间的差异、不同行业之间的差异,已经作出了差异化信息披露的制度安排。①差异化信息披露制度可以真实反映不同主体的真实情况,实现上市公司、投资者和监管者之间的多方共赢。但是,尽管进行了宏观上的差异化分类,随着信息披露内容的日益充盈,上市公司信息披露的内容还是存在同质化、模板化的问题。当前,证券市场上信息披露的内容,除了在具体财务数据上有实质的区别,其他大量的行业信息、公司经营信息等几乎都是"标准答案",信息披露义务主体在追求不出错的理念下,按照规范的表述和格式进行信息披露,这是在"遵守"信息披露的监管要求,对于投资者来说却不是一种有效的"沟通"。因此以投资者的信息需求为核心、致力于满足不同投资者差异化的信息需求有可

---

① 杨淦:《上市公司差异化信息披露研究》,西南政法大学 2015 年博士学位论文,第 34 页。

能成为未来改革的新方向。[①]

（二）差异化信息披露路径的具体实现

应当承认的是，证券市场上不同性质主体所处的立场不同，信息提供者和信息需求者之间的供需障碍无法彻底消除，但是在差异化信息披露制度的理念下，以投资者需求为导向，可以尽可能排除无关信息对投资者决策的干扰，也会使上市公司所披露信息更具针对性，更能突出信息披露制度的价值。据此来看，为实现对证券投资者的差异化保护，信息披露路径调适的基本方向应在投资者复杂信息需求的基础上，安排一种区别于统一、同一、强制信息披露的差异化信息披露路径，以实现投资者有效保护和市场效率之间的协调统一。[②]

具体而言，应当根据不同类型的投资者在信息披露的内容和形式上进行差异化安排。（1）就适格交易对手投资者来说，这些机构类的投资者一般是市场上的"主力"。在信息的收集和处理方面，他们一般对披露信息的深度和广度高于其他类型的投资者，而且可以根据一些原始数据，进行二次加工和分析，根据其需求进行自主分析。在信息获取渠道上来说，他们不仅可以获得那些公开披露的信息，还可以与证券发行人、其他机构投资者、专业的工作人员等进行交流，拓宽其信息渠道。因此以适格交易对手的信息需求为导向，信息披露的内容应注意对核心信息的披露，重视事中环节信息披露的质量。[③]（2）对于非机构类的专业投资者和普通投资者，他们在信息的获取程度方面显著低于适格交易对手类的投资。尤其是他们无法对披露信息进行二次分析，只能

① 窦鹏娟:《证券信息披露的投资者中心原则及其构想——以证券衍生交易为例》,《金融经济学研究》2015 年第 6 期;甘培忠、夏爽:《信息披露制度构建中的矛盾与平衡——基于监管机构、上市公司与投资者的视角》,《法律适用》2017 年第 9 期。

② 杨淦:《上市公司差异化信息披露研究》,西南政法大学 2015 年博士学位论文,第 34 页。

③ 孙莉、黄方亮、韩旭、杨敏:《异质投资者对 IPO 信息披露需求差异调查分析》,《山东财经大学学报》2018 年第 4 期。

阅读并理解这些原始信息,因此他们对原始信息的质量要求更高。事实上很少有投资者真的去阅读招股说明书和公司披露的财务报表,更不用说去理解这些信息了。在披露信息的表述和质量方面,成熟市场给我们的启示是,行之有效的信息披露制度不是构建信息壁垒,"简明英语规则"(Plain English Rule)能够帮助投资者更好地理解信息。[1]我国证券市场本身是一个个人投资者居多的结构,因此信息壁垒问题更为严重,新《证券法》第 78 条中也增加了"简明清晰、通俗易懂"的要求。为了满足这些非适格交易对手类投资者的信息需求,可以参考美国的"简明英语规则",提倡信息披露语言"浅白平实",监管者也可以提供简明披露规范的指引或模板,以有效推行政策;同时,针对个人投资者阅读时的偏好,可以倡导信息披露内容的图表化、标准化,以提高投资者阅读效率,更有效地传递信息。[2]

从制度实现的角度看,新《证券法》对信息披露提出了更高的标准和更细的要求,以"就高"的标准来确保普通投资者的知情权,为了打破信息超载与投资者接受度低效的局面,应当进行信息披露的逻辑转换,以不同类型投资者的信息需求为前提,进行差异化的信息披露,以形成加强投资者保护的良好局面。

二、投资者保护主体的多元化

传统的投资者保护建立在全能监管者与无限监管资源的假设之上,行政监管者作为公权力的代表占据投资者保护的主导地位。但是投资者受保护的需求是无限的,在无限保护需求和有效的监管供给之间存在着矛盾,而且不同投资者受保护的需求也存在差异,基于

---

① Leuz, Christian and Wysocki, Peter D., Economic Consequences of Financial Reporting and Disclosure Regulation: A Review and Suggestions for Future Research (March 2008).

② 郭雳:《注册制下我国上市公司信息披露制度的重构与完善》,《商业经济与管理》2020 年第 9 期。

证券监管主导投资者保护中的失效,改革传统的投资者保护模式势在必行。

(一) 证券投资者保护主体的发展线索

一般认为,投资者权利的保护需要行政、司法与市场机制等一系列的制度安排,而且是诸方共同参与、彼此制衡方能实现。从国际范围看,对证券投资者保护的主体已经由监管主导向多元化主体演进,有的国家成立了专门的投资者保护行政主体,一些社会组织,甚至私人力量也都开始从事投资者保护活动。

一方面,在行政机关的层面,各国成立了投资者权益保护的专门机构。如次贷危机后,美国设立了独立的金融消费者保护局(CFPA),其中证券投资者也属于其职能保护的范围;同时,英国也将金融监管局(FSA)拆分为审慎监管局(PRA)和金融行为准则局(FCA),其中金融行为准则局负责行为监管,来保护金融消费者。我国2011年也在证监会内部设立了证券投资者保护局这一职能部门,负责投资者保护的工作。设立专门的投资者保护行政机构,是因为复杂的证券市场监管需要专业技能和经营为背景,而专门的机构可以更好地实现这一目标。[①]专门的证券投资者保护机构能够在一定程度上避免"俘获"情况的发生,相较证券监管部门的多职加身,独立的投资者保护机构也能更好地服务于投资者保护的目标。

另一方面,行政机关不是保护证券投资者权益的唯一主体。美国在1970年成立了证券投资者保护协会(Securities Investor Protection Corporation, SIPC),是一个非营利性公司组织,通过监督投资银行的经营风险来保护证券投资者;美国的机构投资者服务公司(ISS)也可以为机构投资者提供专业指导,来实现对投资者的有效保护。我国也成

[①]　Aulana L. Peters, Independent Agencies: Government's Scourge or Salvation? Duke University School of Law 295(1988).

立了专门的投资者保护机构,投服中心、投资者保护基金有限公司,都可以在投资者保护问题上发挥不可替代的作用。美国证券市场上的证券诉讼律师,也可以通过司法介入的方式来制裁损害投资者权益的行为,证券集团诉讼亦带有一定的公益性质,体现了"私法公法化"的特点。①政府和其他社会组织的有机结合,可为投资者提供更加多元化的主体保护,以形成一个自上而下,包括行政保护、市场保护和社会保护在内的多元化保护路径。

(二)我国投资者保护主体的多元化路径

随着证券市场活动的日益复杂,证券监管者的资源与投资者保护需求之间存在着供需不匹配的关系。这种监管无效现状和资源不匹配的情况短期内难以改变,因此应当将更具体的投资者保护工作进行主体分配,针对不同类型的投资者,提供差异化、多元化的保护主体,打造多元化、层次化的投资者保护主体结构。

首先,证券投资者保护的执行工作可以向市场中介机构和自律组织等进行分担。因为相比行政监管者,中介机构对投资者的"门槛式"保护和投资者教育,相较监管者和市场自律组织等部门来得更为直接。在保护方式上,他们与投资者之间是平等的证券交易法律关系,对于适格交易对手,通过严格履行交易合同、平等对话和商洽,可以实现对适格交易对手的服务和规范。对于专业投资者,证券服务机构需要进行投资者适当性管理,通过在提供服务过程中,履行其说明义务、风险提示义务和投资者交易工作,既有利于提高服务质量,又能有效实现对专业投资者的直接保护。对于那些普通投资者,证券经营机构则通过履行适当性义务,通过资格审查等避免普通投资者进入高风险证券市场交易,其距离投资者更近,保护方式更直接。②

---

① 郭雳:《美国证券集团诉讼的制度反思》,《北大法律评论》2009年第2期。
② 洪艳蓉:《从雷曼迷你债券案看香港证券业专业投资者制度》,《金融服务法评论》2010年第1期。

其次,要强化投资者自我保护的"私力"作用。长久以来,证券投资者(尤其是中小投资者)对公权力保护过于倚重,缺乏股东本位意识以及私力救济的主动性,但在一个运作良好的证券市场法律制度中,监管公权力不可能也不必要垄断一切事务,私人主体在法律实施中可以且应当发挥一定作用,①因此应当强化对投资者的私力保护。对于适格交易对手投资者,其本身具有较强的自我保护能力,而且可以发挥其作为"积极股东"的优势,积极行使股东权利,提高上市公司质量;那些专业投资者和普通投资者,也应以积极的姿态参与公司治理。而且若权利受到侵害,也应当积极行使救济性权利,来减少对行政权力的依赖。此时,投服中心可以通过持股行权、支持诉讼等有效形式,支持普通投资者积极行使权利。

强化证券市场监管可以加强投资者保护,反之,保护方式的拓展、转变、创新同样也有优化监管之效。在投资者差异化保护路径的实现过程中,监管者需要以投资者保护为工作目标之一,但是应当将具体执行投资者保护的"划桨"工作配置给一线的自律组织和金融中介,让投资者本身也成为能动的自我保护者,这种"决策—执行"分工又配合的结构具有多元化、多层次和灵活性特征,更契合投资者保护的实际诉求。②

三、法律"父爱主义"保护的程度区分

保护证券投资者需要有对赋予证券投资者合法权益的责任心,有对促进作为证券投资者发展的自觉心,还有尊重、保护不同类型投资者

---

① LLSV 通过对比 49 个国家和地区的投资者保护指标和证券市场发展水平,指出几乎没有证据表明证券公权执法(Public Enforcement)使证券市场直接受益,而便利投资者的私人诉讼(Private Enforcement)却更有利于证券市场发展。See La Porta, Rafael and Lopez de Silanes, Florencio and Shleifer, Andrei, What Works in Securities Laws? July 16, 2003.
② 洪艳蓉:《从雷曼迷你债券案看香港证券业专业投资者制度》,《金融服务法评论》2010 年第 1 期。

决定自由的同情心。法律"父爱主义"干预投资者自由的原因,①是为了保护投资者的利益,但是法律"父爱主义"对投资者的保护程度应当适度。一般认为"父爱主义"本身有"强""弱"之分,在投资者保护问题上,证券投资者保护的法律制度,也需要为投资者量身定制力度不均的保护举措,实现对证券投资者的有效保护。

(一)法律干预证券投资者自由的差异化要求

"法律干预个人自由时,很容易从'善意'出发,却走向对人的奴役。"②国家在投资者保护问题上具有双重作用:一方面,有力的政府监管对投资者权利的实现至关重要;另一方面,一个强大的政府,又有可能运用权力侵犯投资者权利。因此,投资者权利首先是"公法"调整的范畴,规范国家和投资者之间的"权力"与"权利"的界限。③

从法律介入的角度看,私人行为形成了一个"法律不干预—法律介入—国家强制"的调控梯度,在此过程中国家权力介入渐深、主体自治退却。④与之相类似,按照法律保护的程度不同,证券投资者的行为也可以被区隔为三个部分:一是不受法律干涉的行为。这部分投资者的行为是其自由、自治和自决的体现,无论法律欲介入的目的为何(保护抑或限制),都应体现对投资者自我决策的尊重。二是受投资者保护法律制度中的私法所保护的行为。因为若在证券市场中唯契约自由为尊,一味强调证券交易的平等属性,则实际上是对现代契约法上契约自由内涵的扭曲,市场上泛化的证券公司格式合同是为典例。因此,针对

---

① 崔丽:《转型期我国法律家长主义适用的界限——以"超"法律家长主义的防范为视角》,《西南交通大学学报(社会科学版)》2013 年第 3 期。

② 葛洪义、张顺:《人的理性的法律表达》,《天津师范大学学报(社会科学版)》2015 年第 2 期。

③ 孙莉:《政府主导下我国证券市场投资者保护水平的选择》,山东大学 2009 年博士学位论文,第 41 页。

④ 谢鸿飞:《论创设法律关系的意图:法律介入社会生活的限度》,《环球法律评论》2012 年第 3 期。

投资者的这部分行为,投资者保护法律制度要对其进行一定限度的调整,在契约自由之外兼顾契约正义。三是受投资者保护法律制度管制的行为,此时证券监管权力介入投资者的行为,不仅是为了保护投资者,更是为了实现市场监管的目的,如针对证券私募发行或特定板块市场的合格投资者制度,是在高风险的市场对投资者行为的限制。

对证券投资者行为作以区分的意义在于,对证券投资者保护法律的干预程度也可以区分为三个梯度:出于尊重投资者自治的不干预保护、实质公平正义指引下的保护性干预以及为维护市场秩序的纯粹限制性保护。在此维度下,证券投资者的法律保护需要划定相应边界:一般而言,法律应尽少地介入证券投资者的自治行为,以投资者的自我决策和自己责任为基础;在一些证券市场主体地位显著悬殊、信息不对称的场合,法律保护证券投资者的价值应当得以彰显,如对证券服务机构投资者适当性管理的要求、市场主体的充分信息披露制度,都是对证券投资者弱势地位的调整,但也要兼顾投资者的自由意志,审慎进行干涉和保护,以免矫枉过正;在法律制度应当强硬化的场合,大多是由于证券投资者保护与规范市场秩序、打击市场违法行为等竞合目的,此时公权力对私权的保护和管制,建立在公共利益这一更高理念之上,此时,投资者保护法律制度的介入方为正当。

(二)法律"父爱主义"保护投资者的程度区分

根据主体选择所施加成本的大小、对目标个体的尊重程度,[1]法律"父爱主义"可以分为弱父爱主义和强父爱主义两种。强父爱主义是指不管当事人的主观意愿如何,仅仅从当事人客观免受侵害的角度,强行对个体行为加以限制或规定,比如禁止近亲结婚等。[2]弱父爱主义所实

---

[1]　潘林:《论公司法任意性规范中的软家长主义以股东压制问题为例》,《法制与社会发展》2017 年第 1 期。

[2]　崔丽:《转型期我国法律家长主义适用的界限——以"超"法律家长主义的防范为视角》,《西南交通大学学报(社会科学版)》2013 年第 3 期。

施强制的合理性在于它尊重了受爱者个人意愿并且是纯为此人利益而为的。①超过限度的弱父爱主义就会有向违背自由原则的强父爱主义靠拢之倾向。

法律"父爱主义"对证券投资者行为的干预,要把握和坚守"为其自身利益而干预"的底线,在有效帮助投资者规避风险之后,则应及时收手,还投资者以行为自由。但是"证券投资者"并非一个抽象的整体,多元化目标和抗风险能力差异的普遍存在,因此对证券投资者的法律"父爱主义"保护,也需要为投资者量身定制力度不均的保护举措,并由此落实"买者自负"这一市场准则。

首先,合格交易对手投资者呈现出能力、经验等方面的更高理性特点,他们具有良好的信息处理能力和风险匹配能力,采取信息披露型保护模式对于这部分投资者而言更具意义。市场主体的信息披露机制是证券交易的基础性问题,信息披露义务主体负有披露真实、及时信息的义务和动力,而理性投资者可以利用市场信息作出最优决定,将投资者保护的重心前移至"决策端",这本身就是对投资者主体最好的保护,而且国家通过规范而非矫正的手段,即可完成保护投资者和规范市场秩序的双重目标。因此,信息披露制度的有效运行足以保护理性投资者,应以尊重其自治、自决为要旨作为保护理念。

其次,针对那些专业投资者,信息甄别能力相对较弱,"羊群效应"明显,不仅在投资决策方面体现出有限理性的特征,而且在持股行权、诉讼维权等方面亦主动性和有效性有限。因此,对于这部分投资者,除了采取信息披露型保护模式之外,还需要培育其自我行动能力和保护意识,使有限理性的投资者在私权利行使的过程中,信息处理能力、决策能力、维权能力等方面向"理性"发展,而这一目标的达成需要公权支

---

① 刘练军:《论父爱主义司法》,载周永坤主编:《东吴法学》,中国法制出版社 2013 年版,第 143 页。

持私权。通过法律制度、执法机关、司法部门以及证券投资者保护机构的诸方合作,来支持有限理性投资者积极行使权利。

最后,普通投资者作为市场参与者重要的一部分,这些投资者往往无法理性决策,可能进入与自身风险承受能力不匹配的市场,因而受其非理性行为的伤害。因此,法律制度应当宽宥这部分投资者的非理性行为,可以通过介入其私人行为、管制其非理性行为来实现倾斜保护。虽然对市场力量和私权利的无视或轻视,可能会导致公权力的异化,会造成市场资源和公共利益受损,但是通过限制或禁止非理性投资者的部分投资,可以从门槛上即防止其受到侵害,使其免受与自身风险不匹配产品的伤害。但即使法律的干预或管制,是以保护证券投资者为最终目的,干预的方式也应以最大化收益、最小化损害的方式进行。以信息披露、投资者教育、风险提示等方式可以达到预期效果时,就不需要进行市场禁入和行为禁止;证券投资者可以行使私权利维护的合法权益,就尽量减少行政权力的介入。

总结而言,证券投资者保护法律制度尊重投资者自治,要求谨慎对待法律对证券投资者行为的干预——不是完全取消干预,也不应当是干预的全面展开,法律制度实践需要在自治、保护、干预之间寻求平衡点。维护证券投资者的自我决定权,不能轻易以"保护"之名干预投资者行为。而是要在不同保护主体和保护模式之间进行权衡配比,应尽可能少地使用限制自治性的保护手段,公权力保护应当持守其介入投资者私人自治和私权保护的范围,防止"法律父爱主义保护"的泛化。

第四章　证券投资者权利义务
配置的差异化

　　没有任何一种社会契约是真正在各方主体平等协商的基础上订立并适用于各方当事人的。[①]在证券市场上也是如此。因为不同市场主体之间差别的存在,所以才会出现弱者和强者、受惠者和地位不利者,而以保护投资者为目的进行权利倾斜性配置,可以补偿投资者这一整体的先天弱势。但是,基于前文对不同类型投资者异质性的分析,可以发现并非所有投资者都属于弱者的范畴,毕竟强弱对比本身就是一个相对性的概念。证券差异化保护以类型化投资者的差异为基础,不同投资者在权利能力、权利行使积极性等方面也存在差异,为了实现对不同类型投资者的平等保护、适度保护、均衡保护,需要在差异化保护理念的基础上,进行

---

① 　吴双:《威胁化解论——机构投资者诚信义务之制度构建与法理证成》,《税务与经济》2020年第5期。

投资者权利和证券经营机构义务的差异化配置。

第一节 证券投资者权利的倾斜性配置

对弱者的关怀和保护是人类特有的道德法则,[1]为了达致对实质正义的追求,法律除了要保障行为主体充分的活动自由和机会的平等外,还应该对弱势群体进行适当的补偿。[2]以"赋权与规制双管齐下"[3]为策略,投资者保护法律制度通过强化投资者权利、规范经营机构的行为义务,来对投资者权利倾斜性配置。

一、投资者权利倾斜性配置的原因

(一)权利倾斜性配置的内涵

权利本身就是保护弱者的一项重要砝码,慈善、政策都可以实现对弱势群体的保护,但是以"权利"的方式对弱势群体施加保护具有其特殊的机制和优势。一方面,法律向弱势群体赋予权利,是一种制度性保护,具有权威性和稳定性,而且这种保护不同于慈善的赐予,是一种对正当利益的确认;另一方面,法律权利对弱势群体的特别保护,并以人权、平等和正义作为评价的尺度,使权利本身更具正当性,因此其足以担任保护弱势群体的功能角色。

权利的倾斜性配置主要是"一种对于权利的人为性筹划",[4]是为了平抑强者、保护弱者,因此权利倾斜性配置对于弱势群体尤为重要。

---

[1] 吴宁:《社会弱势群体保护的权利视角及其理论基础——以平等理论透视》,《法制与社会发展》2004 年第 3 期。

[2] 庞永红:《从慈善到正义——西方分配正义中的弱势群体观探究》,《贵州社会科学》2012 年第 10 期。

[3] 张钦昱:《证券法用系统性思维完善投资者保护制度》,《证券日报》2020 年 4 月 30 日 A02 版。

[4] 吴飞飞:《公司法中的权利倾斜性配置——实质的正义还是错位的公平》,《安徽大学学报(哲学社会科学版)》2013 年第 3 期。

但是权利倾斜性配置通过对一方利益的侵损或限制,而保护另一方的利益,这是一种"损人而利人"的例外情况,①一般只能针对具有对抗性、平等主体之间的具有交换性的法律关系,因为这些主体之间的力量不均衡,需要立法者进行人为矫正和二次平衡,而如公司内部主体之间的"权威—服从"型法律关系则不适用。②也就是说权利倾斜性配置的适用场域是有条件的,最常见的是在劳动法、消费者权益保护法等弱势群体保护法之中,根据相关主体弱势的特点而赋予特别的权利,在劳方与资方、消费者与经营者之间进行权利和义务的倾斜。商事法律制度中的累积投票制、股东代表督导、破产法给予管理人的破产撤销权、破产取回权等规定,也是权利倾斜的体现。③作为一种矫正机制,法律进行权利义务的倾斜性安排,来增进弱者一方的利益,以"抑强扶弱"的形式来恢复个体之间的实质公平。

(二) 倾斜保护证券投资者的原因

权利倾斜性配置针对的是"弱势群体",这个群体在不同研究视野下具有不同的意涵。就一般意义来讲,弱势群体是那些需要人们给予特殊关爱和援助的人群共同体。④在社会学的研究中,社会弱势群体一般是因为个体存在缺陷、没有社会地位、经济能力和机会,而处于"弱势"地位,能够反映出社会中普遍存在的经济差距、权力分配失衡的现实,因此需要施以特别关照。⑤"弱势"一般为经济贫困、生活水平较低和社会风险的易摧性。⑥法学研究视野中,对"弱者"的简单定义是那些

---

① 应飞虎:《权利倾斜性配置研究》,《中国社会科学》2006 年第 3 期。

② 吴飞飞:《公司法中的权利倾斜性配置——实质的正义还是错位的公平》,《安徽大学学报(哲学社会科学版)》2013 年第 3 期。

③ 崔艳峰:《基于权利倾斜性配置的破产取回权行使期限分析》,《商业研究》2014 年第 12 期。

④ 赵宇霞、王成亮:《试析入世对中国弱势群体的影响》,《社会学月刊》2002 年第 6 期。

⑤ 王思斌:《社会转型中的弱势群体》,《社会学月刊》2002 年第 6 期。

⑥ 陈成文:《社会学视野中的社会弱者》,《湖南师范大学社会科学学报》1999 年第 2 期。

由于自然的、社会的、政治的、法律的剥夺,形成在心理上、生理上、能力上、机会上、境遇上处于相对劣势地位的人,[1]因此法律需要给予特别保护。[2]总的来看,弱势群体是指因为自身能力、社会因素的缺陷,或因为法律制度、政策规则的排斥适用,导致其经济实力、生活质量、社会权利实现等水平低于其他主体水平,从而容易受到伤害的个体的总称。[3]

证券投资法律关系,本属于平等主体之间的商事交易行为。但是在证券市场中,证券投资者与证券经营机构相比较而言,在客观交易能力和主观理性程度方面都处于弱势地位。一方面,投资者与证券经营机构天然的信息不对称,而且随着证券市场创新程度的提高,产品种类和结构愈加复杂,证券发行人、服务机构、中介机构等主体分工愈发明确,证券投资的专业化要求越来越高,这在投资者与证券经营机构之间形成了交易能力的失衡。另一方面,行为金融学理论揭示了投资者的"不完美决策",因为投资者本身的非理性,可能会作出偏离自身效用最大化的非理性决策。这种投资者与证券经营机构之间的力量悬殊,使投资者处于弱势地位,因此应当在投资者保护法律制度中对其施以倾斜保护。

基于证券投资者在证券交易和证券市场实践中的弱势地位,这就要求法律根据实质平等的要求,给予应有的倾斜保护,以矫正其实质上不平等的地位。对于证券投资者这一"弱势"群体而言,其权利倾斜性配置的原理,主要通过强化其权利、向证券经营机构施加义务实现的。

二、赋权:证券投资者权利的强化

权利配置问题是法学研究的核心问题之一。法律主要以两种路径对权利进行配置,一是对法律主体既有的正当利益进行确认并形成相应权利;二是以国家强制力为保障,向相应主体赋予权利。前者是法律

---

[1]　胡玉鸿:《"弱者"之类型:一项法社会学的考察》,《江苏行政学院学报》2008 年第 3 期。

[2]　吴宁:《社会弱势群体保护的权利视角及其理论基础——以平等理论透视》,《法制与社会发展》2004 年第 3 期。

[3]　余少祥:《法律语境中弱势群体概念构建分析》,《中国法学》2009 年第 3 期。

对形式正义的追求,后者是法律追求实质正义的体现。①明确和强化证券投资者的权利,是最能体现倾斜性保护证券投资者功能的制度安排。

（一）证券投资者的权利内容

从权利内容来看,境外尚未形成一个可以法律移植的投资者权利谱系,其一般是特定地、具体地散见于法律条文中的,没有系统的和普适性的概念。②但是通过归纳和梳理我国相关法律规定,证券投资者应当享有投资权、知情权、参与权、财产安全权、公平交易权、损失求偿权等一系列权利。

第一,投资权。证券投资者的投资权是其成为某一或者某一类投资者的权利,是市场主体为了资本增值而以现金或非现金为支付手段,来换取证券所有权作为对价的权利。投资权是投资者一切权利的基础,赋予并保障投资权是其他权利得以顺利行使的必要前提。

第二,知情权。知情权是指投资者依法享有的及时、准确、完整获取其投资对象或投资产品标的、价格、经营情况、监管规则、重大事件等信息的权利,其既可以主动要求证券发行人或证券经营机构向其提供所需信息,也可以被动地接受披露义务人披露的相关信息。证券投资者的知情权可以说是参与权、交易权等其他权利的前提性权利。

第三,参与权。参与权是指投资者在投资上市公司的股票时,享有表达利益诉求、参与经营管理的权利。投资者的参与权以知情权为前提,以获取收益为目的。③参与权是一种综合性、体系化的权利类型,是其作为投资者所应当享有的固有权利。

---

① 黄延廷:《从机会均等到特别保障——弱势主体的权利保护理念》,《社会科学家》2010 年第 1 期。

② 唐应茂:《金融消费者有什么权利?——也谈美国 2010 年〈消费者金融保护法〉》,《比较法研究》2013 年第 4 期。

③ 赵万一:《证券市场投资者利益保护法律制度研究》,法律出版社 2013 年版,第 111—114 页。

第四,财产安全权。证券市场中的融资者实质上是使用投资者的财产运行和交易,而并非完全使用自己的资金,这种"使用别人钱"的法律关系产生了资产的安全问题。在证券投资者投资股票时,若公司管理人员、控股股东等挪用或滥用证券市场上的融资或进行违规担保等行为,都会加大投资者的资金风险。证券投资者的财产安全权,也是为了防止证券市场其他主体将市场风险转嫁给投资者而设置的权利。

第五,公平交易权。投资者的公平交易权,是指在参与投资和交易的过程中,在获得交易条件、开展交易行动、实现交易结果的各个阶段,都能受到公平的对待,以自由、自愿、合理地开展交易行动。法律通过对证券市场进行规范,并赋予投资者以公平交易的权利,对保障投资者利益具有积极意义。

第六,损失求偿权。投资者在交易过程中,可能因为证券侵权行为而利益受到损害,此时投资者权益能否得到有效保护,不仅关乎投资者个体的利益,而且关乎整个市场秩序和市场信心基础。因此,应当赋予证券投资者通过投诉、多元化解、诉讼等形式进行损失求偿的权利,以对其受损的利益进行救济。

(二)证券投资者权利的特征

证券投资者权利的特征是对其倾斜性保护和研究的理论依据,通过与其他市场主体和私法权利为参照系进行对比,从整体上看,当前法律对证券投资者施以倾斜性保护,并强化了其一系列权利。

首先,证券投资者的权利在性质上属于身份权。近代法律变迁"是一个由身份到契约的运动",[1]但是证券投资者权利的设置,是基于投资者的身份之特殊性,从而对特定主体给予的特别保护,因此具有"从契约到身份"的特点。[2]投资者权利的身份性特征是很明显的,如果不

---

① 　[日]星野英一:《私法中的人》,王闯译,中国法制出版社 2004 年版,第 9、34、35 页。
② 　甘强:《经济法利益理论研究》,法律出版社 2009 年版,第 180 页。

属于投资者则不能享有和主张相关权利。这种"身份"是一种经济身份,是基于证券市场上其特殊的弱势地位而客观形成的,而不是人为进行的等级身份的划分;投资者权利主体的身份也是一种法律身份,经过证券法律规范的界定从而具有其特殊意义。

其次,证券投资者的权利客体具有异质性和广泛性。一般认为,法律关系的客体是主体权利义务所指向的对象。[①]就证券投资者的权利客体来说,投资者权利的客体一是信息,因为法律对投资者知情权的强化和保护,实际上是通过信息披露和有效传递来解决证券市场信息不对称的状况,因此信息是投资者权利非常重要的一类客体。二是行为,证券投资者权利客体指向的行为十分广泛,其中包括投资行为、阅读市场信息的行为、行使投票权的行为等,因此投资者权利所指向的行为不仅广泛,而且性质各异。

最后,赋予并强化投资者权利具有正外部性。"外部性"是用来描述某一经济行为的外部影响,根据正面影响和负面影响的不同可以有"正""负"之分。[②]不仅生产、消费等经济领域存在所谓外部性的问题,在立法、行政、诉讼等法律制度的语境中也广泛存在。对于投资者权利而言,行使和实现投资者权利的行为往往具有溢出效应,若证券投资者有充分的权利并能有效行使,那么不仅仅对其本身具有积极意义,而且对证券市场上的其他投资者、整个市场秩序来说都具有积极作用。因此,为了使投资者权利行使发散出正外部性,强化投资者的权利具有正当性。

三、规制:证券经营机构义务的规范化

权利的确立需要以相对于其存在的义务作为外部条件,因此证券投资者的倾斜保护除了表现为加强其权利之外,还需要规范行为相对

---

①　葛洪义主编:《法理学》,中国法制出版社 2007 年版,第 182—184 页。

②　[美]保罗·萨缪尔森、[美]威廉·诺德豪斯:《经济学》,萧琛译,华夏出版社 1999 年版,第 263 页。

方也就是证券经营机构的义务。在规范层面,为体现对证券投资者的倾斜保护,越来越多的国家强调证券经营机构的投资者适当性行为义务,并在规则中加以明确。

（一）证券经营机构特殊义务的理论基础

证券经营机构与投资者之间存在着信息不对称和实质性强弱冲突,而且这种优势地位呈现出强化的趋势。为了平衡二者之间的利益,贯彻对投资者的倾斜保护,与投资者权利相对应,对证券经营机构的行为义务也愈发重视,强调以更高的行为标准来要求证券经营机构,以更好地保护投资者。

考察其中的理论基础可以发现,代理理论、信赖理论和招牌理论都可以解释为何要向证券经营机构施加特殊的行为义务。代理理论长期以来都是美国规制证券服务提供者行为的理论依据,认为证券投资者与证券经营者之间存在着代理关系,因此代理人需要严格执行投资者的指令,并不得损害被代理人的利益。但是代理理论只能适用于经纪业务以及某些投资协议的情境,若证券投资者与证券经营二者互为交易对手方则缺乏义务约束的理论基础。因此,信赖理论有了发挥的余地。根据信赖理论,证券经营机构必须符合投资者的信赖,不仅遵从投资者的指令和要求进行投资,而且还应当为投资者的最佳利益行事。①信赖理论在适用范围和对证券经营机构的行为要求方面都有所发展,在投资顾问业务中经营机构也要承担信赖义务,并且强调主动维护投资者的利益,但是信赖义务需要以信赖关系的存在为前提,但是投资者在相关投资咨询或经纪业务中很难证明其对证券经营者的信赖。在此基础上,招牌理论得以发展。招牌理论发端于美国 1934 年的 Charles Hughes & Co. v. SEC 案,主张证券经营机构或证券服务机

---

① Arthur B. Laby. Selling Advice and Creating Expectations: Why Brokers Should be Fiduciaries. Washington Law Review, 2012, 87(3):707—776.

构一旦"挂出招牌",就默认其有专业的能力,并且相当于承诺在嗣后的交易中严格执行交易指令、及时披露相关利益冲突、公平对待证券投资者。①

随着相关理论的发展,强调证券经营机构的行为义务正当性愈发明确,为防止经营者凭借其优势地位欺诈或者不公平对待投资者,需要对证券经营机构有更高的行为标准要求。

（二）证券经营机构行为义务的规范化

权利和义务作为一个硬币的两面,在强化"买者"权利的同时,也需要规范"卖者"的义务。为了矫正证券投资者的弱势地位,体现对证券投资者的倾斜保护,基于法律规定以及合同约定,已经对证券经营机构的义务形成了类型化和规范化的要求。

首先,证券经营机构应为投资者的利益而非其自身的利益行事。一般来说,证券经营机构应当以投资者利益为至上,因此不得欺骗投资者、不能虚假陈述和披露、不能接受全权委托、不得提前承诺收益,及时披露可能存在的利益冲突,公平地对待不同的投资者,保护投资者个人信息。

其次,证券经营机构还应履行注意义务,以适当的方式向投资者提供服务。在注意义务项下,证券经营机构需要履行适当性义务和最佳执行原则。适当性义务要求证券经营机构了解客户、了解产品、适当性匹配和推荐;最佳执行(best execution)则是指在复杂市场条件下,证券经营机构运用专业知识与技能尽力为客户寻找最佳交易条件,这可能是最佳价格,或是最能满足客户要求的任何执行方式。②

最后,为保证证券经营机构履行义务,法律除了为证券经营机构设置一系列"行为红线"外,还要求其在事前做好内部建设和管理,以最大

---

① Loss，Louis. SEC and the Broker-Dealer，Vanderbilt Law Review 516(1948).
② 原凯:《美国券商之最佳执行原则及其启示》,《华侨大学学报(哲学社会科学版)》2012 年第 2 期。

程度防止出现利益冲突。如证券经营机构的内控管理、隔离墙制度的规定和执行,以解决证券经营机构提供服务过程中的利益冲突。

第二节　证券投资者权利倾斜性配置的反思

从法律实践看,对弱者保护的不同制度路径均可能会导致意料之外的后果。对弱者的权利强化和倾斜保护,很容易产生利益的溢出,使受益人群体扩大,导致甄别真正弱者的难度增大;而且对强者的抑制也极易引起被规制者的对策行为。

一、投资者弱者心态的泛化

一般认为证券投资者即为弱势群体,但是有些投资者无论是在资金实力、信息占有量等方面都处于优势地位,因此证券投资者的"弱势"是一个相对的概念,具体界定时需辨证分析。[①]当前对弱者保护的重视程度,使"弱势感"在消费者保护领域、劳工纠纷等领域蔓延开来,对投资者的保护若矫枉过正则可能会使投资者的弱者心态泛化。

（一）弱者心态泛化的社会现象

当前,"弱势"的内涵已经突破传统的纯物质生活的范畴,不再与经济贫困画上等号,弱势心理也不再是贫困群体的"专利","弱势感"在社会生活各个领域衍生和蔓延。[②]弱者心态泛化是指社会群体性地认为自己属于"弱者"。形成弱者心态泛化局面的原因是复杂的,其中既有普遍性原因,如社会的不良竞争;也有个体的原因,如人们不安全感、危机感的心理因素。从我国的现实情况来看,当前弱者心态泛化现象加重,究其原因,主要在于以下几方面:

---

① 何庆江:《论我国证券民事赔偿中的弱者保护——以虚假陈述制度为中心》,《政法论丛》2003 年第 6 期。

② 赵中源:《"弱势"心理蔓延:社会管理创新需要面对的新课题》,《马克思主义与现实》2011 年第 5 期。

一方面,对于部分社会地位不高、能力有限的"强势群体"来说,若缺乏相应保障,其极易产生不安全感,因为本身自力救济的能力就极其有限,在缺少外部机制支持的情况下,弱势感将更加明显。同时,一些非基于知识、技能等合理原因的强弱对比,可能会使社会主体产生无助感,因为不同人心理承受能力不同,会使相当一部分社会成员认为将无法改变现状,始终属于"弱者",因此会产生一定的社会失衡。另一方面,随着不同社会成员之间的利益和财富分化,会使一部分人心理失衡。这种失衡不仅出现在那些贫困群体,在一些占有相当程度社会资源的成员间,也有"被剥夺感"。这种利益驱使下的心理蔓延,会使弱者恒弱,且弱者心理越来越多。①

法律权利对弱者进行直接的利益给予,这很容易产生利益的溢出效应,直接表现为权利受益人群体的扩大。近年来,社会心理弱势化趋向已经成为一个新的社会问题。这种社会层面弱者心态的蔓延潜藏着多重社会风险,其背后也折射出现阶段社会建设中的缺陷。随着社会利益格局的调整,弱势心态泛化现象可能不断加重,这将影响社会心理和社会结构,阻碍科学的社会治理。②

(二) 证券投资者弱者心态泛化的警思

弱者心态的泛化很容易引发社会风险,从整个社会层面看,泛化的弱者心态是一个应当警惕的问题。③投资者作为证券市场不可或缺的主体,赋予并强化其权利可以实现有效的倾斜性保护。但是因为权利本身具有利益的意涵,因此赋予弱者权利,若利益不能准确到达最需要

---

① 蒋占峰、董现聪:《社会稳定视角下弱势心态泛化现象研究》,《广西社会科学》2015 年第 11 期。
② 赵中源:《"弱势"心理蔓延:社会管理创新需要面对的新课题》,《马克思主义与现实》2011 年第 5 期。
③ 徐王蕾、魏荣:《群体性弱势心态归因及矫正研究——基于弗洛姆人学思想》,《牡丹江大学学报》2015 年第 4 期。

帮助的弱者群体,将会导致甄别真正弱者的困难加大。对于投资者而言,"买者自负"历来被认为是证券市场普遍遵循的不言自明的基本法则,但是通过扩大权利受益者的范围,可能会引起投资者弱者心态的泛化,这种过度保护还可能会使投资者的自我负责能力降低,最终有碍投资者素质的整体提升。

　　因为证券市场不对称的现实结构和投资者自身理性有限等问题,使投资者的"弱者"身份几乎被公认并普遍适用。在此背景下,凡是证券投资者,在证券交易中尤其是遭受亏损时,都会认为自己属于弱者,而将其损失归因于不稳定的市场因素甚至监管能力的失效。在风险瞬变的证券市场上,投资者们的"弱势感"是极为明显的。如面对证券收益大幅下降或亏损时,基于可获得的信息显示,可能短期内证券价值难以回升,但是会有大量投资者不敢"割肉",而被"套牢"。这种财产损失或者是过高估值的落差,会给投资者带来巨大的心理压力,这种情况普遍存在,因而证券市场中因心理失衡或非理性而异化的弱者心态,将极为普遍。但是如那些适格交易对手投资者,他们本身作为机构投资者,在资金实力、人员管理和决策执行等方面,与那些提供证券服务的经营机构几乎没有区别。因此,虽然作为一个整体的证券投资者是弱势的,但是对其进行类型化分析,这种"弱者"普遍化的现象实际上并不合理。

　　监管者有责任保护证券投资者的权益,但监管保护并非多多益善。在法治发达国家,随着近代法向现代法变迁,"法律人格"发生"从自由的立法者向法律的保护对象""从法律人格的平等向不平等的人""从抽象的法律人格向具体的人"的转变,其背后反映出"从理性的、意思表示强而智的人向弱而愚的人"的转变。[1]证券监管作为一种公共产品性质的制度供给,保护弱势地位的证券投资者,是新时代强化和完善证券监管的原因和目标之一。但是保护证券投资者的过程,应当是一个通过

---

① 　[日]星野英一:《私法中的人》,王闯译,中国法制出版社2004年版,第50页。

制度的设计平衡政府与市场、投资者与融资者诸方力量的过程,也是一个对证券投资者进行"倾斜保护"倾斜到什么程度为宜的探究过程。对证券投资者保护不足会危及证券市场发展与稳定,但是矫枉过正同样会影响市场效率和投资者最终发展。对证券投资者进行倾斜保护具有积极意义,但是因为证券投资者的复杂类型,使得证券投资者保护这一命题不能僵化和平面化,而是应理性地回应这一复杂现实。

二、投资者配置权利的空置化与滥用可能性

法律文本对投资者权利内容的强化,在文本意义上投资者权利的增加并不意味着就能提升投资者权利实现的水平,因为不同证券投资者之间天然地存在着行权积极性和能力的差异,因此同样的权利赋予不同的投资者,有的投资者会选择漠视权利,倾斜配置的制度目的并不能实现,导致权利空置;也有的投资者会存在滥用权利的可能性,在此情况下可能会引发"弱势"投资者对"强势"主体的绑架,可能会损害"更弱者"的利益,模糊了对弱者保护和过分纵容之间的界限。

(一)不同投资者权利行使积极性的差异

在心理学的研究中,权利被理解为对金钱、信息决策的控制性或对他人思想和行为(结果)的影响力。[①]因为个体对权利感知和权利实现等方面的差异,使得不同投资者在行使权利的积极性上表现出明显的差异。

在权利感知和拥有权利的问题上,"接近—抑制理论"认为不同个体的权利感知能力是不同的。那些高权利感的个体更容易做出追求目标的行动,其有更强的自信和积极的情绪,这种"行为接近系统"会使其关注到并追求某件事的潜在汇报;但是相较而言,那些低权利感的个体,会激活"行为抑制系统",同样面对某件事时,其情绪通常是逃避和

---

① Fast N. J., Sivanathan N., Mayer N. D., et al. Power and overconfident decision-making. Organizational Behavior & Human Decision Processes, 2012, 117(2): 249—260.

消极的,会考虑到可能的失败而中断行为。

在具体影响因素方面,有研究发现,是否具有基础金融知识,对投资者权利能力的影响是不同的。对于那些低收入投资者而言,提高其专业金融知识能够显著增强其权利能力;但是对于高收入投资者来说,提升专业金融知识并没有显著影响其权利能力的提升。但是投资经验要素可以显著提升各种类型投资者的权利能力,不管投资者收入是高还是低,通过投资经验的累积,在权利感知和权利行使积极性上都有显著提高。此外,投资者的教育水平也会直接影响其权利能力,二者是正相关的关系,受教育水平越高者权利能力也越强。①因此,具有资本优势、经验优势的投资者,其权利往往更容易实现,而资本持有相对弱势的投资者,其权利实现能力相对较弱。

证券市场资源配置的基础是投资者按照自身的风险收益偏好来配置资源,投资者保护法律制度对投资者进行权利倾斜性配置,其他市场主体在此基础上进行交易并维持交易制度的活力。在此过程中,虽然强化了投资者的权利内容,但是在应然转化为实然的过程中,不同投资者的权利感知能力和权利实现能力是存在差异的,对于那些权利感知弱、权利实现积极性和实现能力相对较弱的投资者来说,倾斜配置权利会产生权利空置化的问题。

（二）投资者配置权利的空置化问题

当前增加证券投资者权利的主张大致可以分为三类:一是主张增加证券投资者的实体权利和程序权利。例如,要求保障证券投资者的知情权、公平交易权、管理参与权、诉讼权等。二是在传统的属于证券投资者的权利之上,附加一定主体特色后再形成新的权利。例如主张普通投资者应当享有区别于专业投资者的知悉产品真实信息权、隐私权以及举证责任倒置的权利。三是基于证券投资者的权利而衍生出相

---

① 张腾文等:《金融知识、投资经验与权利能力》,《当代经济科学》2017 年第 6 期。

关权利和制度。例如,机构引领中小投资者形成其法定私权的持股行权机制、为帮助中小投资者诉讼维权的证券支持诉讼制度、证券交易中介机构的先行赔付制度等。不难看出,许多权利主张和新型制度都是在现有的投资者法定权利基础之上,进行推演和演化的一系列具体权利形态,这些权利主张之所以产生,其基本的逻辑是——证券投资者的权益无法实现的原因在于投资者的权利不够多。但是这可以转化为另一个问题——证券投资者是因为其权利不够多还是因为其权利未有效行使和实现?

尽管证券投资者权利的保护非常重要,但这并不意味着文本意义上的权利增加就能使投资者获得保护。这是因为,社会事实、法律文本和法律实施之间存在着天然的张力,三者之间需要尽可能保证稳定和平衡,否则可能会出现不尽如人意的情况。在证券法制研究中,人们普遍强调"投资者保护"这一基本价值,与投资者保护相关的制度实施和完善备受关注,但立法者的重视是否能实质提升投资者的地位?我国证券市场上的投资者多是追求短期逃离,频繁换股甚至坐庄跟风,在这种情况下,投资者参与公司治理、行权维权的积极性都很低,在行为上则表现为"投机"大于"投资",对公司治理表现出漠视,"搭便车"心理严重。因为整体看来,我国适格交易对手的比重还是较低,价值投资者的比重较低,这和其他发达资本市场的情况是不同的,因此投资者相较于行使权利、实现权利,更倾向于"用脚投票"而非"用手投票"。在这种情况下,证券投资者不是基于自身努力而获得的权利,投资者提升自身金融素质、增强自我保护能力的动力可能会降低,而且投资者对权利的意义和权利行使实际上并不关心,那么强化其权利、使投资者们广泛地获得权利利益,实际上都处于空置的情况。

(三)投资者权利滥用的可能性

在"权利实践"的现象描述中,权利正在成为正当化论证的主导话语,因此存在着关于权利泛化的现象。在实施维度,权利泛化表现为权利的"膨胀",客观地表现为权利在"量"上的增多,越来越多的权利性条款出现在法律规定中,如对个人信息的财产化,人们对隐私权、个人信息保护权等人格权保护的需求正在受到重视,这些权利观念和需求的涌现,使权利数量呈现膨胀状态。不仅如此,权利数量的增加必然会使保障其实现的成本增加,产生"成本无敷支出"的问题,①也有学者对"权利泛化"的问题进行了回应,认为权利主张本身具有重要的作用,权利的"通货膨胀""成本无敷"命题以及"公共利益论证"等论断,都不能反驳权利的重要性,认为权利泛化的指责并不合理。②总结来看,权利泛化这种现象,是权利重要性的一个侧面表现形式,虽然"泛化"这一语词带有贬义,但是在规范层面并不一定就是负面的,需要正视权利的重要性,警惕权利的滥用。

对于证券投资者而言,当前法律文本强化了投资者的一系列权利,其中有的是既往法律规定中就有的,还有一些是从实践走向法律文本中的。从数量上看,投资者的权利也呈现出"泛化"的样态。但是投资者拥有权利不代表其将能够充分地行使权利,同样也不代表其会正当地行使权利,权利滥用出现的可能性极大。权利滥用是指权利人超出法定范围或运用非法定手段和方式主张权利、行使权利,从而会具有社会危害性。③在投资者投机为主的我国证券市场中,在正常交易框架下对投资者的权利赋予,可能会诱发道德风险。

法律文本上对投资者权利的规定已经足够多,但是投资者对被配置的权利缺乏行使权利的心理准备和现实动力,现实中极有可能出现权利空置化的状态;同时,有的投资者在权利行使的过程中,如果权利运用超过了必要限度,或者投资者滥用法律对其倾斜保护的地位,又将产生新的不平衡,那么就背离了对投资者倾斜保护的制度初衷。

---

① 陈林林:《反思中国法治进程中的权利泛化》,《法学研究》2014 年第 1 期。
② 陈景辉:《回应"权利泛化"的挑战》,《法商研究》2019 年第 3 期。
③ 史尚宽:《民法总论》,中国政法大学出版社 2000 年版,第 713—714 页。

三、证券经营机构的对策行为

经由法律所生产出来的弱者,同时又成为法律的调整对象,类似于社会再生产的过程,而弱者的再生产过程同时往往也是"弱肉强食"逻辑的再生产和结果取向的功利哲学的再生产。旨在保护弱者的法律制度若设计不当,可能会出现非保护对象的对策行为或者"溢出效应",还可能会导致弱者更弱的制度陷阱。①

（一）弱者保护过程中"强者"的对策行为

权利的倾斜性配置是权利与权利之间此消彼长的安排,对弱者的倾斜性保护会使强者的利益受损,因此强势主体一般都会采取对策行为。②"对策行为是指行为主体在形式上认同社会规范的条件下,通过对规范的目标、手段、内容或适用范围的修改,以从实质上偏离或违背社会规范的一种社会行为模式。"③

在对弱者倾斜性保护的过程中,强者采取的对策行为是指:并不否定或反对,其采取介于遵从和越轨之间的行为来"规避"法律的规定,使向弱者配置的权利实质上无法行使或者行使无效。对弱者权利倾斜性配置的落脚点,还是在于强者对于相关义务的履行和责任的承担,但是强者的对策行为会使弱势主体的权利在一定程度上消解而无法得到实际的利益。在法律制度的缝隙中,针对这些用来保护弱者的规范,实质上都被强者所架空,通过对策行为来逃避责任或者获取利益。强者的对策行为会使倾斜保护投资者的目的落空,可能会让弱势群体无法得到实际的利益,而且也没有达到抑制强者权利的目的,因此会使倾斜保护弱者的目的落空。

---

① 曲笑飞:《弱者的制度性生产与再生产》,《齐鲁学刊》2020 年第 6 期。
② 吴飞飞:《从权利倾斜到责任倾斜的弱者保护路径转换——基于法经济学视角的解读》,《广东商学院学报》2013 年第 6 期。
③ 孙龙、雷洪:《对策行为普遍化的原因——对当代中国一种隐性社会问题的剖析》,《社会科学研究》2000 年第 6 期。

（二）证券投资者倾斜保护中证券经营机构的对策行为

在倾斜保护证券投资者时,需要考虑对证券经营机构、证券投资者本身以及整个证券市场带来的影响,因为强化证券投资者的保护,必然意味着证券经营机构要履行相应义务,来确保相关利益的实现,所以不得不考虑的是,证券经营机构可能对此产生对策行为。

对证券投资者施以保护的过程,本身是一个权利义务倾斜配置的过程。《证券法》为加强对证券投资者的保护,大篇幅地规定了证券公司、证券服务机构以适当性义务、保密义务、保证投资者资金安全等义务,并设置了大量的补偿、赔偿罚则。这些受行为义务约束的证券经营机构,不会通过财务积极地对抗,但是却通常以消极或者隐蔽的形式来阻碍投资者权利的实现,或者实质履行相应义务。如资本市场上的"通道业务",一些非银行金融机构(主要是信托机构)利用其金融牌照,为银行提供"通道",向银行发行资管产品收取"过桥费";银行一端则可以将表内资产转表外,来规避监管规则对信贷规模的约束;对于融资者(如房地产企业)而言,也可以规避银行贷款政策的管制。①在此过程中,银行、非银机构、融资主体都针对监管规则采取了对策行为。

同时,对证券投资者的强化保护可能使证券经营机构成本增加或者收益减少。若这种不均衡配置的程度使证券经营机构无法消化时,则会加大经营机构的经营风险。更重要的是,要谨防证券行业之间和整个证券市场上的连锁反应,避免因为个别经营机构的风险传导,影响证券市场的稳定和安全。因此,针对证券投资者保护法律制度,在研究"堵漏"的可能性的同时,也要对"堵漏"的难度进行充分的预估,如果只控制住一个维度,被管制者可能会在其他未受控制的维度作出抗衡性调整。

---

① 杨秋宇:《信托通道业务的私法构造及其规制逻辑》,《北京理工大学学报(社会科学版)》2020 年第 9 期;谈李荣:《金融信托交易模式演进的法律逻辑》,《华东政法大学学报》2017 年第 5 期。

总结来看,权利作为一种重要的利益调整机制和制度化分配机制,是保护投资者的重要砝码。倾斜保护证券投资者具有其现实意义,但是投资者是"弱者"的问题需要辩证分析,[①]若旨在保护弱者的法律制度设计不当,会导致"弱者恒弱"的制度陷阱,也会出现弱者现象的溢出效应。[②]而且强化投资者的权利是为了保护投资者,但是法律在保护投资者的过程中,投资者也成了法律制度的调整对象,在行使权利的积极性和边界方面反而需要谨慎把握。在抑制强者权利、施加义务的过程中,容易引起证券经营机构的对策行为,使倾斜保护投资者的实质目的难以实现。

第三节 证券投资者权利的优化配置

权利的分配应当遵循平等的原则,但是不同主体享有的一切权利不可能完全平等也不应该完全平等。[③]对于证券投资者的权利配置而言,无差别的权利保护在正当性和现实性上也是存在疑问的,一个没有个体化、差异性的世界是不可想象且难以持续发展的,[④]因此应当探索投资者权利的差异化配置方向。

一、证券投资者权利配置的差异化方向

（一）证券投资者权利内容具有层次性

通过对证券投资者权利内容的描述,可以发现证券投资者的权利种类繁多但却不失重点。当前关于投资者权利的研究主要集中在股票

---

① 何庆江:《论我国证券民事赔偿中的弱者保护——以虚假陈述制度为中心》,《政法论丛》2003 年第 6 期。
② 曲笑飞:《弱者的制度性生产与再生产》,《齐鲁学刊》2020 年第 6 期。
③ 王海明:《权利分配原则论》,《湖南师范大学社会科学学报》2001 年第 6 期。
④ 潘斌:《风险社会的正义分配——基于差别原则的正义衡量》,《华中科技大学学报》2018 年第 5 期。

投资者的权利方面,认为投资者享有"自益权、共益权、财产权、经营参与权、救济权、固有权和非固有权等权利在内的各项权利"。①但是投资者权利是一个内部要素相互影响的"权利束",兼具组织法和合同法属性,并非一种单一属性的民事权利。②不同阶段、不同证券产品投资者的权利存在差异,因此投资者权利具有层次性。

第一个层次是作为潜在投资者的基本权利。这是法人和自然人成为"投资者"的前提性权利。③在成为"投资者"之后,法人与自然人本身所享有的人身权、财产权、平等权、诉讼权以及其他民事权利依然存在,而且投资权是所谓投资者的前提,是赋予广泛潜在者以投资证券市场的权利。基本权利是一种"自然权利"或者"天赋权利",对基本权利的保护不仅在于立法机关的权利明确,还依赖司法和行政等力量实现基本权利的均等保护。④

第二个层次是作为证券交易人的权利。在证券交易的过程中,投资者需要进行自我决策和自我负责,在这个过程中,证券投资者应当享有在交易过程中的一系列权利,如资金安全权、知情权、公平交易权、自主选择权等基本权利。相应的,在交易阶段,发行人也要履行信息披露义务,证券经营机构也需要向投资者承担一定的义务。

第三个层次是作为证券持有人的权利。投资者对证券的持有,使其成为持有股票的公司股东、持有债券的债权人、持有证券投资基金份额的委托人,那么相应地应当享有一系列股东的权利、债权人的权利和委托人的权利。也就是说,基于投资者持有标的的不同,其享有的具体

---

① 刘俊海:《股份有限公司股东权的保护》,法律出版社 2004 年版,第 3 页。

② 叶林等:《证券市场投资者保护条例立法研究》,载郭文英、徐明主编:《投服研究》2018 年第 1 辑,第 157 页。

③ 罗文锋:《当代中国证券法治的理论建构与实践路径——以权力制约与权利保障为分析框架》,武汉大学 2014 年博士学位论文,第 76 页。

④ 周刚志:《论基本权利的均等保护》,《厦门大学学报(哲学社会科学版)》2010 年第 1 期。

权利也存在差异。如股东则享有分红权、管理参与权、表决权等一系列权利，通常需要通过《公司法》予以调整；债券投资者的权利主要为债务偿还权，基本通过民商事法律调整。

基于不同证券投资者的不同层次权利，投资者在不同状态下权利呈现复杂化取向。证券市场不断发展，证券产品种类和证券中介服务机构的数量也与日俱增，这不仅意味着投资者权利繁多，也使得投资者进入证券市场后的法律关系趋于复杂化。证券投资者不同的投资行为，会基于不同的证券产品、不同的交易对手产生不同的法律关系，在增加其权利内容的同时，也增加了权利受到侵害的可能性，因此对投资者权利的保护愈发受到重视，还需要理清其层次、认识到其中的差异。

（二）证券投资者权利义务应当对等

权利对等配置是指权利在双方或多方当事人之间所进行的具有对应性和可抗衡性的配置，其实质是个人享有的权利与其承担的义务应当具有一致性。[1]从历史上看，自资本主义法律制度建立以来，在私人领域，权利的对等配置原则始终是压倒一切的首要原则。马克思在1864年10月为第一国际起草的《协会临时章程》中把权利和义务的辩证关系概括为"没有无义务的权利，也没有无权利的义务"。[2]我国学者也有诸多论述，有学者指出"权利与义务是互补的、相应的"，在一些情形下所承担的义务，必然在另一些情况下享有相应的权利。[3]人们比较关注权利与义务的区别和相辅相成，但是很少注意其间的同一性关系。[4]社会分配给一个人的权利与义务只有相等才是公平的、应该的。[5]从立法上看，权利对等配置原则在传统私法领域得到了广泛的运

---

① 范水兰：《经济法权利研究》，西南政法大学 2011 年博士学位论文，第 164—168 页。

② 《马克思恩格斯全集》（第 16 卷），人民出版社 1956 年版，第 16 页。

③ 王人博、程燎原：《法治论》，山东人民出版社 1992 年版，第 174—175 页。

④ 吕世伦、文正邦主编：《法哲学论》，中国人民大学出版社 1999 年版，第 552—553 页。

⑤ 黄俊辉：《论相对性是权利的基本特征》，《社科纵横》2008 年第 10 期。

用,是传统私法权利配置的基本原则。例如,在买卖合同法律关系中,所谓"一手交钱,一手交货",代表的是买方和卖方之间权利、义务的对应和抗衡。

从法律关系的单方来看,对等原则是指一方当事人每享有一项权利,同时也负有与该项权利相关的一项义务,对于证券投资者而言亦应如此。当前强调证券投资者的权利配置、证券经营机构的行为义务,却忽略了证券投资者的义务规范。"每一种规则都更加清楚地显示权利和义务的分化在不断增加。"①要抑制权利与义务之间的分化,就必须坚持权利与义务对等的原则。

同时,权利义务的对等原则还强调付出与获得之间的对等。若想获得更多的利益,就需要付出更多的努力和成本,这种付出与回报相对等的逻辑是理所应当的,如果因为付出的不同而导致不同主体之间利益的差异,那么这种差异也是符合实质正义要求的。对于证券投资者而言,其不仅强调付出与获得之间的对等,更需要强调风险与收益之间的对等。一般来说投资的风险是和收益成正比的,也就是说风险与收益是对等的,投资的收益越大,它相应也会包含着极大的风险性和不确定性,证券投资者的投资观和权利观,也应当按照"风险—收益"的对等原则作以调适。

(三)证券投资者权利分配应合比例

在证券投资者的保护问题上,通过权利配置的手段来保护投资者,这种"手段"应该经过比例原则的检验。证券投资者权利配置的比例原则,其基本意涵是每个或每类投资者因为自我保护能力、权利实现能力、权利维护能力的不同,而应当享有不同程度的倾斜保护:谁的能力较强,权利倾斜性配置的程度越小;谁的能力较弱,权利配置的天平越应向其倾斜。

---

① 彭定光:《论对等原则——不平等的合理限度》,《襄樊学院学报》2002年第1期。

　　一般认为,比例原则是评价公权力运用正当性的重要原则,是衡量基本权利冲突的基本分析框架,其核心是目的、手段衡量之方法,有学者也将比例原则称为"禁止过度"。①在私法领域,也可以用比例原则来进行利益衡量。比例原则的审查步骤包括合目的性、必要性、均衡性三个阶段。②合目的性审查是检验确定某个目的后,某个手段能否实现该目的。③必要性审查是检验在所有对目的实现相同有效的手段中,是否选择最温和、副作用最小的手段,因此又称为"最小损害原则"。均衡性原则,又称为狭义比例原则,它要求检验或思考手段与目的之间必须满足合理、适度的"合比例性"要求。

　　在证券投资者的保护问题上,通过权利配置的手段来保护投资者,这种"手段"应该经过比例原则的检验,遵循比例原则。首先,在合目的性问题上,法律对证券投资者给予倾斜保护,因此进行权利的倾斜配置,这能够伫立于投资者的权利实现和利益维护,起到保护证券投资者的作用。其次,在必要性问题上,证券投资者的权利和其他市场参与者的权利同为正当,法律本应对其予以全面和平等保护,但是为了平衡投资者的弱势地位,问题就变成了一种妥协,使二者之一作出最小的牺牲,在此,向证券投资者施以权利倾斜符合正当性的要求。最后,也是最重要的,在进行均衡性原则审查时,需要关照向证券投资者倾斜的限度,因为权利倾斜性配置是为了实现投资者与证券经营机构之间的实质平等,但如果过度倾斜则可能又会产生新的失衡。为了解决这个问题,就需要用"比例平等"原则进行权利分配,做到"同等情况者同等对待,不同等者相异对待"。④因此法律中对于可比较的差别所采用的不

---

① 　郑晓剑:《比例原则在民法上的适用及展开》,《中国法学》2016年第2期。
② 　纪海龙:《比例原则在私法中的普适性及其例证》,《政法论坛》2016年第3期。
③ 　刘权:《目的正当性与比例原则的重构》,《中国法学》2014年第4期。
④ 　[英]米尔恩:《权利与人的多样性——人权哲学》,夏勇、张志铭译,中国大百科全书出版社1995年版,第60页。

平等手段应当与此前的差别、范围相适应和成比例,证券投资者权利的倾斜性配置,也应当与不同投资者之间的差别相适应、成比例。

二、证券投资者权利的激励与限制

(一)证券投资者的行权激励

权利的实现是法律倾斜保护投资者目标实现的具体体现,是法定权利转化为现实权利的过程。[1]因为投资者权利的实现具有很强的正外部性,因此需要尽可能地提高投资者权利的积极性和有效性,因此才需要相应机制来激励投资者行使并实现权利。但是因为不同投资者在行权积极性、权利能力上都存在差异,因此针对不同类型的投资者,在激励行权的方向和制度手段上都有所区别。

对于适格交易对手投资者来说,作为一类特殊的证券投资者和金融机构,他们为了特定目标,将小投资者的资金集中在一起管理,并在一定时间和风险范围内追求利益最大化。[2]这些适格交易对手积极行使权利并参与公司治理,可以优化公司股权结构进而改善公司治理,还有助于推动上市公司的运营效益。这是因为我国上市公司的控股股东集权现象明显,[3]机构投资者资金实力较强,其买入公司股份可以在股权结构上对控股股东进行制衡;[4]同时,因为其市场经验和专业性,适格交易对手可以对公司经营者的行为进行分析和风险制衡,起到良好的监督作用。但是现在关于机构投资者"入市"的监管要求较为严格,且缺乏法律约束和激励,机构投资者缺乏参与公司治理的积极性。根据境外经验,在美国等机构投资者发展成熟的国家,反而需要适当约束

---

[1]　范水兰:《我国经济法权利实现激励模式探析》,《经济法论坛》2019 年第 2 期。

[2]　姜付秀、[美]肯尼思·A.金、王运通:《公司治理:西方理论与中国实践》,北京大学出版社 2016 年版,第 57 页。

[3]　参见汪青松、赵万一:《股份公司内部权力配置的结构性变革——以股东"同质化"假定到"异质化"现实的演进为视角》,《现代法学》2011 年第 3 期。

[4]　冯果、李安安:《投资者革命、股东积极主义与公司法的结构性变革》,《法律科学(西北政法大学学报)》2012 年第 2 期。

机构投资者的"积极主义";在英国,机构投资者持股比例也较低,因此其制定了《机构投资者监管守则》(The Code of Stewardship),来引导机构投资者参与公司治理。[①]为了在我国激励适格交易对手类投资者的行权,应着力破除我国机构投资者面临的市场壁垒,完善股东权利谱系,并通过诸如监管守则等文件,来引导、激励适格交易对手投资者参与上市公司治理。

从权利实现的成本效益来看,适格交易对手投资者尚且需要行权激励,对于那些行权成本更高、经济实力更弱的专业投资者和普通投资者而言,他们作为个体或者小群体,在权益受到损害或者欲行使表决权、提案权等权利时,更缺乏行权和维权的动力。因此,针对权利行使意识和能力有限的专业投资者和普通投资者来说,有必要通过政府公权力的介入,通过与市场主体的有效互动,来提升投资者的权利实现水平,防止配置权利空化或权利滥用的问题。从世界范围来看,大部分国家都需要特定机构来引导、支持证券投资者行权和维权。如美国的机构投资者服务中心(ISS),也可以通过发布市场评估报告的形式,来激励投资者行权和维权,对于市场监管者维护市场秩序也有重要的参考作用。我国设置的"投服中心",作为上市公司股东和投资者权益保护公益机构的双重身份,对激励投资者尤其是中小投资者行权,发挥了举足轻重的作用。[②]

同时,需要注意的是,对适格交易对手行权的激励不同于对普通证券投资者行权的支持,因为那些自我保护能力极强的专业机构投资者,

[①]　林少伟、洪喜琪:《机构投资者积极参与公司治理:价值、困境与出路》,《投资者》2020年第 2 期。

[②]　截至 2020 年 12 月底,投服中心共计持有 4133 家上市公司股票,累计行使股东权利 2680 场,督促 1200 余家上市公司完善了公司章程、49 家公司修改了收购方案、56 家公司终止了重组、17 家公司追回了业绩补偿款或采取了诉讼等司法手段进行追偿。数据来源于中证中小投资者服务中心官网,http://www.isc.com.cn/html/zxxw/20210203/3577.html, 2021 年 3 月 10 日访问。

其可以自主行使权利,并不需要"支持"行权,而且不同类型投资者之间的利益诉求也并不一致,若一体化地支持行权,也会加剧投资者之间的资源互侵,并不利于对弱势投资者的实质性保护。

（二）证券投资者的权利限制

对投资者倾斜保护并配置权利,是为了实现投资者保护的目的,在与证券经营机构和其他市场主体之间形成力量均衡的局面。但是对投资者权利的倾斜性配置,应当是有限度的,无论是在理论上还是实践中,投资者享有的权利和行使权利都不是绝对自由的,要受到一定的限制。权利与自由的相对性原则说明投资者权利受限是一种常态,但是"不同的人应当予以差等的不同对待",①不是所有投资者权利的限制程度都是一样的,在限制权利的过程中要区别对待。

针对不同类型投资者的资金实力或风险承受能力的不同,对不同投资者的投资权法律实行强度不等的限制。典型者如专业投资者和普通投资者之间,法律对普通投资者在特殊证券市场上设置准入门槛,是因为前者一般资金实力、成熟度、知识水平、风险承受能力等都相对强势,但是后者的经济基础、市场信息处理分析能力都较弱,参与市场投资时带有弱势性。在这种客观差距存在的情况下,如果对所有投资者都不设置权利限制,那么可能让更弱势的投资者投资了与其风险承受能力不匹配的证券产品;如果为了照顾弱势投资者,则又会对强者的投资者权施加了额外的限制。同样的,在可能滥用权利的情况下,如果对适格交易对手、专业投资者和普通投资者都施以同样的权利限制,则会因为约束强者使力度偏高,反而损害"更弱者"的利益。因此,最好的解决办法就是区别对待,对不同的投资者实行强度不同的差异化限制。

根据投资者之间的身份不同,有些证券投资者因为具有特殊身份,因此其必须受到与普通投资者不同的权利限制。如《证券法》上关于证

---

① 易小明:《对等——正义的内在生成原则》,《社会科学》2006 年第 11 期。

券从业人员买卖证券的限制、关于证券限售期的规定,这些为证券发行提供证券服务的人员,因为其职业和工作的原因,可以在相关信息公开之前就接触到,为了防止内幕交易的发生,也避免破坏市场公平,法律在特定情况下、特定时间内限制这些特殊组织的投资权,是市场公平、公正原则的要求。但是,对于那些不具有这些特殊身份的投资者而言,其投资权利不受到特殊限制。

(三) 证券投资者的义务要求

强调对证券投资者的倾斜保护,不能以削弱卖方积极性和主动性为代价,否则将不利于证券市场整体性发展的价值实现,因此在强调投资者权利和"卖者责任"的同时,也要明确投资者的义务内容。

其一,投资者在购买证券产品或者接受服务时,应当真实、准确、完整地向证券公司提供个人有关信息。若投资者违反真实提供信息的诚信义务,那么其投资证券风险与自身情况的错配,因此所带来的投资损失,证券经营机构并不承担相应责任。其二,投资者故意追求与其风险承受能力不相匹配的高风险市场或高风险证券投资,此时投资者是在进行"经济上的自杀",①因此造成的损失也应风险自担。如针对一些有风险承受能力要求的证券产品,在此过程中,若证券投资者向"卖方"提供虚假信息或拒绝提供信息,或者证券投资者不遵循"卖方"的风险匹配建议,仍购买与其风险承受能力错配的产品,在这种情况下,证券投资者若遭受损失,也应当由投资者风险自负。新《证券法》中也对投资者的义务进行了明确,从以往侧重规范证券经营机构责任转向对交易双方的强调,体现了买卖双方权利义务上的对等。②

法律对投资者倾斜配置的权利,其权利行使自由和倾斜配置是相

---

① Gedicks, Frederick Mark, Suitability Claims and Purchases of Unrecommended Securities: a Theory of Broker-Dealer Liability. 37 Arizona State Law Journal 535—588(2005).

② 才丹吉:《适当性管理中的投资者义务》,《中国证券报》2020 年 6 月 5 日,第 A05 版。

对的,而且是限定在一定范围内的。在证券市场总体资源有限的前提下,某一类或者某些证券投资者若拥有绝对的权利,都会造成投资者之间资源的侵占,可能会有损市场秩序。因此,对于整个投资者整体的权利是倾斜配置的,但是不同投资者之间应该相互尊重,将各自的权利限制在合理范围内,才能实现对投资者利益的整体保护和有效保护。

三、证券经营机构义务的分类适用

在同一证券产品的交易过程中,不同证券投资者对该证券产品的交易能力存在区别。基于不同证券产品的风险属性和投资者交易能力的区别,有必要对各类证券投资者在证券交易中提供最适当的保护。不同证券投资者之间具有不同的特点和不同的保护诉求,因此提供差异化保护具有现实必要性。为不同证券投资者提供差异化保护,对证券服务提供者的义务也应提出差异化的要求。

（一）针对普通投资者的义务强化

针对普通证券投资者的保护,要确保其拥有足够的公平交易能力,即相对于证券服务提供者平等的交易能力,证券服务提供者应当从说明义务和适当性义务两个方面,来补足普通证券投资者的投资能力。

就说明义务而言,国际上证券投资者保护制度较为完善的国家,都设立了证券服务提供者的说明义务。根据美国相关法律规定,要求期货交易的证券服务机构在与投资者签订协议之前,要以书面的形式向投资者告知风险,以充分揭示风险和充分说明产品。[1]英国的证券经营机构,要向投资者说明相关证券产品的风险,对过去的表现、未来绩效预测等都进行释明。日本《证券商品交易法》中也详细规定了证券服务提供者的说明义务,以进一步平衡普通证券投资者在交易信息获取上

---

[1]　参见[美]理查德·J.特维莱斯、弗兰克·J.琼斯、本·沃里克编:《期货交易实用指南》,周刚、王化斌译,经济科学出版社2000年版,第208—210页。

的不对称劣势。我国也已经对证券服务提供者明确了说明义务,要求全面、准确地揭示产品信息,并以普通证券投资者能理解的方式揭示产品信息。

"只有在意思表示健全的前提下,要求投资者为投资自我负责才符合正义的一般要求。"①对于普通投资者来说,其一般缺少主动在证券市场上搜集和分析信息的能力和动力,但是为了保证风险匹配、相互了解,这就要求相对较强的证券经营机构向投资者履行标准要求更高的说明义务。不仅要进行公平、清晰的沟通,而且在业务条款和客户协议等文件上,也要进行说明或解释;在进行投资咨询和证券销售时,应当向普通证券投资者充分揭示风险,对投资者进行分类测试和产品复合性测试,在产品的特性、交易规则、取消或赎回购买规则等问题上,进行充分说明。当然,对普通投资者履行更高要求的说明义务,其核心是为了使投资者与证券产品之间风险匹配,②以补足双方在交易能力和权利能力等方面的落差,可以督促证券经营机构以符合证券投资者利益的要求行事,以保证证券投资者的权利。

(二)针对专业投资者的义务减轻

由于专业证券投资者相对普通证券投资者拥有更强的交易能力,所以专业证券投资者要实行与普通证券投资者的差异化保护。虽然专业投资者的交易能力也弱于证券经营机构,但如果给予专业证券投资者和普通证券投资者相同的保护程度,可能专业证券投资者的能力将超过证券服务者,而且会浪费市场资源和监管资源。所以专业证券投资者和普通证券投资者保护需要实现差异化,证券经营机构向专业投资者承担的义务程度要相对减轻。

---

① 参见杜怡静:《论对金融业者行销行为之法律规范——以日本金融商品贩卖法为例》,《月旦法学杂志》2005年第11期。

② 吴弘、吕志强:《金融机构适当性义务辨析——新〈证券法〉及〈纪要〉视角》,《上海金融》2020年第6期。

要求证券经营机构承担说明义务、适当性义务等行为义务，实质上是将本应由投资者自己判断是否能够理解和承担该等证券风险的义务，向更为专业的证券经营机构转移，是对投资者的倾斜保护。但是若当投资者能够尽到足够的注意时，自然就应当适当减少证券经营机构所负担的义务。值得注意的是，对专业投资者并不是不保护，而是不用像普通投资者一样提供那么严格的保护，不必对证券经营机构施加以相同程度的义务要求。当前，专业投资者权益受损的情况亦层出不穷，如 2020 年 4 月的"中行原油宝"事件中，多头持仓客户中也不乏专业投资者。[①]专业证券投资者相对于普通投资者而言，具有交易能力优势，但是也要根据其交易能力相对证券服务机构的缺陷给予保护，只是其保护程度弱于普通证券投资者。因为对其进行过度的保护并不能收到继续加强其交易能力的实效，反而会降低交易效率。所以证券经营机构对专业投资者的说明义务和风险提示义务，其程度要求理应有所减轻。在对投资者分类的基础上，证券经营机构义务的差异化配置实质上就体现了这种结构对称要求和配置的思维。

对于像专业投资者这样成熟度相对较高的投资者而言，证券经营机构向其介绍收费安排、一些产品合同或业务条款的内容和格式等内容并无实质上的意义，因此对这些介绍性的要件，证券投资者本身完全可以通过阅读相关文件达到交易所的要求，证券经营机构不需要或者说仅需要承担一定限度的说明义务。通过宽免证券经营机构对专业投资者这些不必要的义务规范，可以减少证券经营机构的运营成本，提高市场交易效率。

（三）针对适格交易对手的合同义务

适格交易对手投资者从其内涵和外延看，其从其他普通或者专业

---

① 董彪：《金融衍生品风险与责任配置的法律分析——以"原油宝"事件为例》，《南方金融》2020 年第 9 期。

投资者手里募集资金,再从事证券投资活动;更有能力收集和分析市场信息;抗风险能力更强。而且有的证券经营机构本身就是一类证券投资者,如基金管理公司、证券公司等,他们在从事资本管理、证券经纪业务之外,也会从事证券自营业务,因此和其他证券经营机构之间都处于平等的地位,二者若签订服务合同,那么证券经营机构只需要对其承担相应的合同义务。这些机构投资者不仅不需要证券服务机构向其负担额外的义务,反而需要对受委托的其他投资者承担诚信义务。

表 8   证券经营机构部分行为义务规则对不同投资者的分别适用

行为义务规则	适格交易对手	专业投资者	普通投资者
一般要求			
公平清晰的沟通	不需要	一定限度	需要
收费安排	不需要	需要	需要
证券产品和广告活动			
申请(目的、相关事项)	不需要	一定限度	需要
内容和格式	不需要	一定限度	需要
是否具有市场准入要求	不需要	一定限度	需要
业务条款和客户协议	不需要	一定限度	需要
遵守法规的确认	不需要	一定限度	需要
咨询和销售			
信息揭示	不需要	一定限度	需要
了解投资者	不需要	需要	需要
投资者符合性测试	不需要	需要	需要
投资者对风险的理解	不需要	需要	需要
关于服务主体的信息	不需要	一定限度	需要
收费、佣金的揭示	不需要	一定限度	需要
产品的特性	不需要	需要	需要
取消的条件	不需要	需要	需要

行为义务规则	适格交易对手	专业投资者	普通投资者
交易限制和特殊规则			
投资者借贷	不需要	一定限度	需要
保证金交易	不需要	一定限度	需要
投资者报告			
合同/交易确认书	不需要	一定限度	需要
账户资产定期说明书	不需要	一定限度	需要

　　注:"需要"的意思是证券经营机构需要向该类投资者进行相关信息的说明,以及应当遵守相关的行为规则;"不需要"表示不需要进行额外的说明,或者不需要履行相关行为规则要求,由双方合同约定、后果自负;"一定限度"表示介于二者之间。

　　综合来看,证券经营机构对不同类型的投资者所需要承担的义务是不同的,表 8 对证券经营机构的不同行为规则要求是如何针对不同类型投资者的适用进行了例证列举。①一般对普通投资者的义务范围最大,对专业投资者有限度的应用和相应减轻,对适格交易对手类投资者则基本不需要承担额外的义务。

---

① 　李仲翔:《基金投资者的分类监管》,《中央财经大学学报》2002 年第 7 期。

第五章　证券投资者民事救济的
内在机理与机制完善

　　"有权利,必有救济",我国学者普遍遵循"权利—义务—责任"的论证逻辑,认为权利和义务只有与责任相结合,权利才能受到责任关系的保护。[1]因此,不仅需要对投资者的权利和经营者义务作以调适,还要确认并实现投资者的救济权利。但是在多层次资本市场建设和投资者差异化保护的理念之下,不同市场、不同证券侵权行为以及对不同证券投资者的民事救济机制都存在差异,唯有正视证券投资者民事救济机制的内在机理,采取系统性的完善举措,才能实质性保护投资者利益。

第一节　证券投资者民事救济中的
共通原理

　　证券侵权行为,是指证券市场主体违反法律规

---

① 　魏振瀛:《民法》,北京大学出版社 2007 年版,第 418 页。

定,实施侵害其他证券市场参与主体合法权益的行为,又称为证券欺诈行为。一般来说,证券市场上的侵权行为都与信息披露有关,[①]虽然存在不同的证券侵权形式,但是当证券侵权行为对投资者产生损害时,其民事救济机制中存在着一定的共同性问题。

一、证券侵权救济的特点

证券侵权行为是在证券市场上才会出现的违法行为,基于资本市场主体广泛性、信息不对称性、投机性和风险性的特点,与传统侵权行为相比,证券侵权行为也有异于其他领域侵权行为的特殊性。

在行为主体方面,传统侵权行为一般是“一对一”的结构,但是证券侵权行为的主体结构属于“一对多”或者“多对多”,证券侵权行为的影响范围是涉及整个证券市场的,因此证券市场违法行为的侵权对象也是不确定的。在行为内容上,传统侵权行为既有可能造成人身损害,也有可能造成财产损害,而且一般情况下,侵权行为人并不会以被侵权人的损失而获利。[②]证券侵权行为所造成的损害只关乎纯粹的经济利益,与人身利益无关,而且一般来说投资者等受损的同时,证券侵权人可以获取额外的非法经济利益。在认定证券侵权行为时,相较传统侵权行为,证券侵权的认定难度、救济成本都更高。在网络在线交易如此普遍的当前,即使通过交易监测、人员调查等方式,有时也很难认定侵权行为的实施。

在救济形式和具体理念方面,证券侵权救济与传统侵权救济也存在区别。在一个证券侵权救济制度的理想图景中,当出现证券侵权行为时,受损的投资者会积极采取行动来追究侵权者的责任,弥补自身所受的侵害。但实际上因为投资者对诉讼成本与收益的衡量、维权意识的薄弱、维权与举证能力的欠缺等,这种理想化的投资者积极寻求救济

---

① 刘道远:《证券侵权法律制度研究》,知识产权出版社 2008 年版,第 312 页。

② 王利明等:《民法学》,法律出版社 2008 年版,第 6 页。

的图景极少出现。从我国证券市场的实践来看,证券侵权纠纷和救济的处理,具有社会敏感性和政策性,我国自上而下由政府强制权力主导建立起来的证券市场制度,必定会与以平等交易主体的制度需求存在冲突。[①]在证券侵权救济方面,体现为证券立法中对私法责任的忽视和对公法责任的偏重,尤其是在民事救济方面,当前还难以对证券投资者遭受的侵害予以充分有效的救济。因此,合理的证券侵权救济机制,对于有效救济投资者、维护市场秩序具有现实紧迫性。

此外,随着证券市场侵权纠纷和损害赔偿纠纷的增加,权利得到有效救济是投资者最低的需求,而证券民事救济机制应树立民事救济优先的理念。我国《民法典》《公司法》《刑法》及相关司法解释,都明确规定了"民事赔偿责任优先"的原则,可见,对证券侵权民事救济的优先性地位已经为法律所确认。从法理基础来看,民事救济优先体现了证券法保护投资者的价值目标,是民本思想的体现,能够充分保障投资者利益。

二、证券投资者民事救济的意义

证券市场主体实施违法行为,但受害者往往是数量众多且分散的投资者。当投资者因为证券侵权行为遭受损失时,其有权根据法律关于民事赔偿责任的规定或者合同约定,寻求民事救济。保障投资者权益能够依法获得救济,是证券市场发展的重要抓手,是投资者拥有法律保护的体现,也是一个不断规范市场行为、促进法律实施的过程。

有效的证券侵权民事救济机制可以充分保护投资者利益。在微观层面,对投资者的民事救济可以修复受到损害的证券法律关系,通过弥补因为证券侵权而产生的民事损失,将已经实际发生的损害结果尽可能地恢复到侵权行为发生前的状态。从宏观角度看,想要维持广大证券投资者对市场的信心,就要在投资者权益受损时,提供有效的救济途

[①]　陈洁:《证券法的变革与走向》,法律出版社 2011 年版,第 3 页。

径。证券监管和法律制度的完善往往是滞后的,投资者利益极易受到侵害,如果将监管和法律制度的价值"异化"为维护市场稳定,将助长证券侵权行为的产生,还会造成处罚标准和惩戒尺度的偏倚,①正确的理念是将保护投资者利益作为基本宗旨,是为我国证券市场长期的、根本性的任务。②在此情况下,侵权行为人在实施违法行为前将充分考虑违法成本和行为得失,投资者能够获得充分的民事救济从而提振对市场的信心。

有效的证券侵权民事救济机制可以预防侵权行为发生。侵权法律制度的价值首先是对受侵害人权益的保护,预防侵权行为是一个次要的、附属的功能,③德国学者瓦格纳教授也认为应当强调损害赔偿救济的预防功能。④因为让侵权行为人承担相应的民事责任,其潜在利益减损可能会超过其收获,因此会克制自己从事该等侵权行为,将在事实上起到预防侵权行为产生的积极作用。有学者将证券侵权行为定性为一种"新类型的商事侵权行为",⑤因为其具有侵害对象广泛、侵害结果是纯粹的财产利益、受损害的范围较大等特征,使一个证券侵权行为可能具有广泛的社会影响。因此,必须要强调证券侵权民事救济机制的预防功能,以此才符合证券投资者保护的制度需要和证券侵权行为的特点。

有效的证券侵权民事救济机制可以促进法律实施。证券投资者就证券侵权行为行使救济权利,本身就可以理解为法律实施的一种有效方式。证券侵权民事救济的法律实施,不是在公共执法和民事救济机制中作选择,而是应该通过二者协同,并发挥民事救济的优先性。⑥

---

① 罗培新:《随笔心情:在法律与金融之间》,法律出版社 2012 年版,第 122 页。
② 陈洁:《证券法的变革与走向》,法律出版社 2011 年版,第 9 页。
③ 石佳友:《论侵权责任法的预防职能》,《中州学刊》2009 年第 4 期。
④ [德]格哈特·瓦格纳:《损害赔偿法的未来——商业化、惩罚性赔偿、集体性损害》,王程芳译,中国法制出版社 2012 年版,第 4 页。
⑤ 刘言浩:《中国商事侵权责任法的构建》,《上海商学院学报》2013 年第 1 期。
⑥ 李波:《公共执法与私人执法的比较经济研究》,北京大学出版社 2008 年版,第 13 页。

一方面,证券侵权民事救济机制不仅可以补偿投资者和威慑预防侵权人,而且可以起到一种行为示范效应,可以促使其他市场主体通过自我约束增强合规守法意识。另一方面,证券侵权行为的民事救济机制本身就是公权力执法的一个重要补充形式,将这部分监管压力向投资者的"自力"进行分担,助力监管部门实现市场监管的目标。

证券市场发展至今,立法者已经意识到对证券侵权行为规制和对投资者民事救济的重要性。新《证券法》中增加了较大篇幅的对证券侵权行为进行认定和规范的条文,强调证券侵权行为所应承担的民事责任,以及激励投资者行使民事救济权利的制度安排,旨在强化市场主体的自我约束和规范;并为证券投资者寻求民事救济提供了相当的制度基础。

三、证券投资者民事救济的基本原则

作为一种"事后"的法律实施阶段,证券投资者民事救济应当遵循其独立的救济原则。在制度目标的实现过程中,证券投资者民事救济机制不可能同时兼顾所有看似合理的目的,制度实践中面临"目的多元等于目的不明"的目的悖论;[1]而且证券诉讼与证券市场相连的特性,也决定了其制度目的有其特殊原则。[2]

(一)证券投资者民事救济的适度原则

证券投资者民事救济法律制度对投资者的倾斜保护并不是无限度的,这是因为证券投资者与证券经营机构之间法律关系的本质是平等的,而且"风险自担、买者自负"本身就是证券市场运行中的应然守则。证券投资者民事救济机制是倾斜保护投资者、惩罚证券侵权行为的机制,而不是滥用于保护投资者的手段,因此对投资者的民事救济应当适度,在判断投资者的损害问题时,也要以投资者"买者自负"为基本准

---

① 高兆明:《制度伦理与制度"善"》,《中国社会科学》2007 年第 6 期。
② 鲍彩慧:《证券私人诉讼机制的现实问题与实践因应》,《投资者》2020 年第 1 期。

则,分辨出因为证券侵权行为所导致的损失,避免对投资者的过度救济。

同时,证券投资者民事救济还应与不同投资者的自身能力相匹配。针对适格交易对手、专业投资者、普通投资者等不同类型的投资者,进行法律救济时应当进行对象区分,不是所有投资者在救济程序上都给予普遍、一致的特别救济,而是应当进行精细化、差异化的救济程序和救济方式安排。适度救济原则强调不同投资者的差异化维权能力,如果无限度地对所有投资者施以积极、特别救济,那么可能造成强势投资者在民事救济过程中的"反向歧视"。因此为了实现投资者的有效保护,证券投资者民事救济是一种有理、有节的适度救济。

从司法成本效益的角度看,证券投资者民事救济的过程也要有效利用司法资源,尽可能排除因为相关救济机制的不合理设置而给投资者造成的损失,否则在投资者寻求救济的过程中,反而消耗了财力和精力,造成投资者最终利益减损的局面。因此对投资者的特别救济应当被限定在一个适当的限度内,既能维护投资者合法权益,又能保证其他市场主体权益不会因救济的过度倾斜而不平衡,[1]以及市场秩序也不会因法律的过度倾斜而受到破坏。

(二) 证券投资者民事救济的效率原则

民事诉讼制度以公正和效率作为双重价值目标,但从某种意义上说,正义是一个伦理性的、只能定性评价的价值目标,效率却是功利性的、可以定量评价的价值目标。"与其他任何法律领域相比较,商法更能表现出法律与利益之间的较量以及利益对法律的影响",[2]司法资源的有限性、证券投资者对经济效益的追求,都要求证券投资者民事救济应当将效率价值作为首要价值追求目标。

---

[1]　刘珂:《证券投资者民事救济制度研究》,西南政法大学 2015 年博士学位论文,第 22—24 页。

[2]　张海涛:《论商法效益价值:内涵及制度展开》,《商品与质量》2011 年第 11 期。

效率在某种程度上是速率,是司法投入与产出的比值关系。从时间维度出发,证券投资者民事救济机制的效率是指实现救济的快慢程度、解决纠纷数量的多少,以及在此过程中人们对各种资源的利用和节省程度。这是效率原则在证券投资者民事救济机制中的第一个讨论层次。

从第二个层次看,弗里德曼指出在使用效率作为有用性的概念时,其局限性之一即是它假设了结果才是重要的,而排除了一些非结果性的标准,如正义。①强调诉讼效率要兼顾与公正之间的关系。我们强调证券投资者民事救济的效率,是指以救济效率为考量,实现能兼顾司法公正的救济效益。

从第三个层次看,有学者指出诉讼经济效率之定义,其所指涉内涵系关于程序制度之合理化,尤其系程序之加速与期间缩短。②因此追求证券投资者民事救济机制的效率价值,不能刺破程序规则的底线,投资者只有基于正当程序行使权利而获得的赔偿,才能认同其正当性。具体而言,从个案效率角度看,对于救济效率的评价标准需要考虑:诉讼制度是否为投资者提供了恰当的维权程序;是否为纠纷解决尽可能提供了便捷;当事人双方在诉讼过程中能否得到充分的证明和抗辩机会;当事人对于诉讼结果是否感到公正以及当事人的诉讼收益。③

（三）证券投资者民事救济的公正原则

证券交易实际上是一场买卖双方的"零和博弈"。④从证券投资者救济制度的实践来看,证券侵权救济制度在功能上已逐渐被赋予了政策修正和行为矫正的附加目的。我国现阶段证券投资者民事救济的目

---

① 　[美]大卫·弗里德曼:《经济学语境下的法律规则》,杨欣欣译,法律出版社 2004 年版,第 19 页。
② 　参见姜世明:《民事程序法之发展与宪法原则》,元照出版社 2003 年版,第 31 页。
③ 　参见沈德咏:《司法效率及相关问题》,载陈光中主编:《诉讼法理论与实践(上)》,中国政法大学出版社 2002 年版,第 2—6 页。
④ 　王林清:《公平交易理论下内幕交易受害投资者司法救济》,《中外法学》2017 年第 3 期。

的,着眼于救济已受侵害的权利并挽回损失,赔偿投资者损失,而不为其设置更多的"附加性任务"是更优的诉讼目的之选择。美国集团诉讼以制止不法行为为目的,投资者赔偿为次要目标,其制度的着眼点不在于公民个人权利的维护,而是对违法者施加违法成本以维护法律秩序,实际上成为动员个人出于利益动机来实现一定公共目的和公共政策的手段。①澳大利亚立法上和实践中认为赋予集团诉讼以行为矫正的功能目的,是基于政治动机方面的考虑,法律救济途径的扩张可能导致在守法的情况下要承担更大的法律义务,这对于提供法律规定的救济途径这一首要目的来讲只是附带的目的。②但是聚焦中国的证券市场,在投资者诉讼维权意识甚微的情况下,投资者提起民事救济之目标就应当是救济已受侵害的权利并挽回损失,若这个目标无法达成或者不作为制度设计的首要目标,那么证券侵权救济制度试图汇聚理性、经济、有效的集团力量以遏制和惩治不法行为的设想肯定会落空。对于中国的投资者而言,尽可能多地获得金钱上的赔偿比惩罚实际违法者更重要。③

更进一步地,将赔偿投资者损失作为证券投资者民事救济机制的首要目标,其能否在赔偿投资者合法利益的同时也兼顾法律实现和政策目标?"公正"解决纠纷、防止私力救济中的"丛林规则"本身是国家设立司法制度干预社会纠纷的最重要理由。④对赔偿投资者目标再加以修正,以"公正地"赔偿投资者损失为目标可能更为合宜,其间的尺度

---

① 参见肖建华:《群体诉讼与我国代表人诉讼的比较研究》,《比较法研究》1999 年第 2 期;美国学者也指出美国的证券集团诉讼并不能有效地赔偿投资者,原告进行证券集团诉讼所花费的成本可能远远高于获得的赔偿救济。See Coffee, John C. "Reforming the Securities Class Action: An Essay on Deterrence and Its Implementation". Columbia Law Review 106.7(2006):1534—1586.

② 参见王福华:《集团诉讼存在的理由》,《当代法学》2008 年第 6 期。

③ 参见陈岱松:《试论证券民事诉讼制度之完善》,《证券法苑》2009 年第 1 期。

④ 参见曹莉:《公正解决纠纷:司法体制改革下民事诉讼目的之定位》,《南通大学学报(社会科学版)》2018 年第 9 期。

和公正标准则需要具体规则的设计和纠纷处理方式加以支撑了。

总的来说,证券市场是一个依靠投资者建立起来的市场,投资者构成了市场的"供给"力量。为了重新回归到规范的、公平的、健康的市场财富分配秩序中,投资者就不应当再被"客体化",而应作为市场主体得到应有的制度保障。为了尊重投资者的市场主体地位,应当为其提供明确的损害救济路径,即一种可行的、有效的证券投资者民事救济机制。

第二节   证券投资者民事救济中的差异考量

司法的任务就是找出那些"有意义的"相同之处和相异之处,以便作出"同样对待"或"不同对待"的选择。[①]在投资者民事救济问题上,不同市场各有特性,不同市场上的证券侵权行为也存在差异。在当前"重场内轻场外""重主板轻其他""重公募轻私募""重股轻债"的制度倾向下,在交易制度和救济机制的同质化安排下,若忽略不同证券侵权行为之间的差异,过度简化和统合证券侵权行为的不同致损机理,并不利于对证券投资者的有效救济。

一、宏观层面:不同证券市场的差异

从宏观角度看,我国多层次资本市场是一个"金字塔式的逐次向上的模式",[②]在投资者民事救济问题上,不同市场的投资者特征和救济机制存在着差异,这些差异给证券投资者民事救济的制度统合带来了一定挑战。

首先,不能以场内市场以及主板市场中侵权救济的逻辑来统摄其他市场。[③]我国资本市场建设中一直存在着重场内轻场外的问题,实际

---

① 周少华:《刑事案件的差异化判决及其合理性》,《中国法学》2019年第4期。
② 徐明:《新三板理论与实践》,中国金融出版社2020年版,第218页。
③ 冯果、张阳:《证券侵权民事赔偿标准确立的内在机理与体系建构》,《证券法苑》2019年第3期。

上二者的差异化是明显的。在证券侵权民事赔偿问题上,以新三板市场为例,新三板市场作为"全国证券交易场所"之一,与交易所市场的侵权救济机制存在相当程度的共性,都应适用《证券法》《民法典》的基本要求。但是,新三板市场与沪深交易所市场在交易机制、市场流通度和交易量上都存在明显差距,公司股票的价格远没有上市公司股票价格对信息反应的及时,市场有效性远不如主板市场。而且从投资者结构来看,新三板市场设有合格投资者的准入限制,整体看来,新三板市场投资者以机构投资者(适格交易对手投资者)为主,这与主板市场以散户为主的特征不同。因此,在证券侵权行为与投资者损失之间的因果关系判断、举证责任分配的基本问题上,作为具体侵权行为的致损机理,并不会因为交易场所的不同而存在差异;但是,在具体认定损害赔偿时,考虑到新三板总体交投不够活跃,在基准日的设定、损害赔偿标准方面,应有其特殊的制度安排,不能完全以主板逻辑来解决新三板证券侵权救济中的问题。

其次,股票市场与其他证券市场之间侵权救济的逻辑也存在差异。一直以来,我国证券市场立法基本上围绕股票市场展开,在发行、上市、交易和结算制度上都以股票立法为中心。在证券侵权救济问题上,也同样受到"重股轻债"的观念影响,当前关于证券侵权民事救济的相关制度似乎为股票市场侵权之专属,对于债券市场违法行为关注不足。随着债券市场违规担保、欺诈发行、虚假陈述等违法违规行为的日盛,对债券侵权救济的特殊性也已经引起重视,2020 年 7 月 15 日,最高人民法院发布了《全国法院审理债券纠纷案件座谈会纪要》(法〔2020〕185 号),[1]专门针对债券交易中的违法违规行为裁判进行了规范,以保护债券投资人的利益。因此,出于资本市场全方位和体系化建设的考虑,

---

① 参见《最高法发文依法打击债券市场乱象》,https://baijiahao.baidu.com/s? id = 1672999614432718143&wfr = spider&for = pc,2021 年 3 月 10 日访问。

针对不同证券产品交易中的侵权行为,应有针对性地建立契合的民事救济机制和损害赔偿标准。

最后,对于一些风险较高的私募及期货市场,因为发行、交易特征不同也应采不同的立法态度。一般来说,私募市场是非公开发行的市场,在此不需要公权力介入或者介入程度相对较轻,而公募产品因为涉众性强、博弈程度高,因此需要较严格的监管。正是因为公募产品和私募产品的不同特点,因此在法律规则上应当有差异化的制度安排。对于期货市场来说,当前经常发生行为人利用不同市场之间的价格关联,操纵某一市场来获取另一市场利差的操纵行为,这种隐蔽而危害极大的侵权行为,应当结合不同市场的差异加以规制。[1]

二、中观层面:不同证券侵权行为的差异

证券侵权行为在市场发展和实践中表现为不同的形态和类别。关于证券侵权行为的类型划分未有统一标准:有学者认为证券侵权行为有擅自发行、内幕交易、虚假陈述、欺诈客户、操纵市场;[2]有学者以证券欺诈这一抽象又具包含性的概念为基础,在此基础上认为广义的证券欺诈行为包括虚假陈述、错误管理和操纵市场;[3]还有学者将证券市场违法行为分为虚假陈述、内幕交易、操纵市场、欺诈客户和其他证券违法行为。[4]《证券法》中规定的禁止性行为包括内幕交易、操纵市场、虚假陈述、欺诈客户等类型。从中观角度看,不同证券侵权行为的行为特征存在显著区别,而且对投资者的致损机制也不同。[5]

在侵权行为导致投资者损失的致损机理方面,虚假陈述以信息披露为行为载体,主要行为可以表现为虚假记载、误导性陈述、重大遗漏、

---

[1][5] 冯果、张阳:《证券侵权民事赔偿标准确立的内在机理与体系建构》,《证券法苑》2019 年第 3 期。

[2] 张明远:《证券投资损害诉讼救济论》,法律出版社 2002 年版,第 43 页。

[3] 陈洁:《证券欺诈侵权损害赔偿研究》,法律出版社 2002 年版,第 4 页。

[4] 杨峰:《证券民事责任比较研究》,法律出版社 2006 年版,第 18 页。

不当披露等形式,行为人的主观状态既可以出于故意也可以出于过失;内幕交易侵权人的行为表现为"闷声发财",行为人都有故意的倾向,既存在内幕交易的故意,也具有获利或者减少损失的"私利目的";操纵市场的行为人一般是积极主动"诱使"投资者,影响证券价格或者交易量,既有信息型操纵,也有资金型、指数型操纵,随着技术的发展,操纵市场行为越来越体现出跨市场、跨国家、跨地区的特点。

在主观归责要素方面,归责原则决定着侵权责任的构成要件、举证责任的具体分配等重要内容。针对不同的证券侵权行为和不同侵权主体,在责任认定上存在差异。操纵市场行为中,行为人需要有影响证券价格的意图和心理状态,我国《证券法》中使用的是"合谋""串通",可以表明认定操纵市场行为人的侵权责任需要以主观恶意为前提,因此操纵市场侵权责任是一种过错责任;同样的,内幕交易行为虽然具有隐秘性,但需要有行为人泄露、利用该等隐秘信息的故意,因此也要以过错责任为主观归责依据。对于虚假陈述行为来说,不同的信息义务主体适用不同的归责原则,对发起人、发行人或上市公司适用较为严格的无过错责任原则,对保荐人、承销商及会计师事务所、律师事务所等专业中介服务机构则适用过错推定的主观归责原则。[①]

此外,不同侵权行为的违法特征和理论依据也存在差异。虚假陈述行为和操纵市场行为是建立在"市场欺诈理论"(Fraud on the Market)基础上的,同时基于"信赖推定原则"来推定侵权行为与投资者损失之间具有因果关系,进而认定侵权行为人承担相应损害赔偿责任的合理性。[②]但是对于内幕交易行为来说,内幕交易行为本身没有侵害

---

① 于莹:《证券法中的民事责任》,中国法制出版社 2004 年版,第 116 页。
② 黄家镇:《论证券交易欺诈因果关系之认定——对法释(2003)2 号规定的反思性解读》,《福建法学》2011 年第 8 期;刘兴华:《证券虚假陈述的因果关系及赔偿问题研究》,《法学研究》2006 年第 3 期;曹胜亮、涂忠亮:《证券虚假陈述侵权之因果关系的立法不足与完善》,《南昌航空大学学报(社会科学版)》2015 年第 2 期。

投资者的知情权,也没有误导投资者进行投资决策,其实质上属于"利用非法信息优势的不公平交易行为,侵害了交易对手依据平等决策基础和相同成败机会进行公平交易的合法权益",①是建立在"公平交易理论"之上的。②同时,在损害赔偿的计算方法上,虚假陈述和内幕交易的侵权损害赔偿计算分为利多信息与利空信息两条进路;而操纵市场损害赔偿的计算方式并不需要细化分类。

因此,虽然证券侵权行为在主体特征、行为危害性等方面具有相当程度的共性特征,但是这不能掩盖不同证券侵权行为之间的个性化问题,不同侵权行为的认定和主体责任认定方面仍有其特殊之处。

三、微观层面:具体民事赔偿责任认定中的差异

从受损害投资者的角度来看,证券侵权所引致的损失只能通过损害赔偿的方式来救济,通过填补其所遭受的纯粹经济损失来实现利益的回复和补偿。③因此,在证券侵权民事救济机制的建构中,受损害投资者损害赔偿责任的认定,是关乎投资者利益最为重要的内容。从微观角度看,具体证券侵权行为所利用的是利空消息还是利好消息、受损害的投资者是普通投资者还是专业投资者、损害赔偿计算的具体规则差异都会影响投资者获得损害赔偿救济的程度。

证券市场的信息有利好和利空的区别,排除证券市场系统风险、内幕交易、操纵市场等其他因素,在一个有效的证券市场中,利好消息的披露一般会带来信息红利,引起上市公司股价的上涨;相应的,市场上企业出现负面消息,则会使得股价下降。以虚假陈述为例,根据虚假陈述行为所直接导致的投资者预期反应不同,可以分为"诱多型虚假陈述"和"诱空型虚假陈述";根据虚假陈述行为人是明示欺诈还是默示欺

---

①③　王林清:《公平交易理论下内幕交易受害投资者司法救济》,《中外法学》2017 年第 3 期。

②　Klaw, Bruce W., Why Now is the Time to Statutorily Ban Insider Trading Under the Equality of Access Theory, 7 William & Mary Business Law Review 275(2016).

诈,虚假陈述行为又分为积极型虚假陈述和消极型虚假陈述。基于"有效市场"的假设,诱多型虚假陈述和诱空型虚假陈述对投资者行为和股票价格的作用机理存在差异,行为人积极欺诈抑或默示欺诈的行为也会产生不同的效果。

以积极诱多型虚假陈述和积极诱空型虚假陈述对比为例,在诱多型虚假陈述中,虚假陈述者故意违背事实真相发布虚假的利多信息,如以虚增公司利润、虚减成本等方式诱使投资者进行"投资"追涨,此时公司的股价亦会上升。在虚假陈述被揭露之前的一段时间里,整个市场对虚假陈述的行为不明就里,若只有"利好信息"影响股价,理论上股票价格也遵从"利多"的性质发展。直到虚假陈述行为被揭露,股价应声而落,投资者往往"杀跌"抛售。在积极诱空型虚假陈述的过程中,虚假陈述者出于不同的利益考量,有时会故意发布虚假的利空消息,如故意公布虚假的亏损年报等行为,诱使投资者在此股价下行时或者出于相对低位时卖出股票。在虚假陈述行为被揭露之后,股价反弹,此时早已抛售的投资者追悔莫及而又有一批投资者"追涨"买进。在虚假陈述揭露或者更正的一段时间后,股价经过市场消化,理论上影响股价的因素得以消除,逐渐回到未受虚假陈述影响的状态。(积极诱多型虚假陈述与积极诱空型虚假陈述对投资者行为的影响对比见表9)基于对虚假陈述行为的类型化讨论,可以分析投资者的投资行为和推演股价走向的影响,而且不同虚假陈述对投资者行为的影响是不同的。

表9　积极诱多型虚假陈述与积极诱空型虚假陈述对投资者行为的影响

时间节点	虚假陈述实施日之前	虚假陈述实施日	实施日至揭露日之间	虚假陈述揭露日及以后
积极诱多型虚假陈述下投资者行为	市场决策	买进股票	市场决策	抛售股票
积极诱空型虚假陈述下投资者行为	市场决策	卖出股票	市场决策	买进股票

　　更进一步的,信息性质的差异不仅会影响投资者的行为方式,若投资者因虚假陈述行为有所损失,在证券侵权损害赔偿救济时判断因果关系和具体计算损失时,不同信息类型情况下的判断规则也不同。[①]因此,在证券侵权民事救济中,具体侵权行为应当承担的损害赔偿责任在认定上,应具体问题具体分析,根据市场信息属性的差异来予以区别制定。

　　从作为利益受损者的投资者一端进行分析,不同类型和个体的投资者行为本身也会影响证券侵权损害赔偿的认定,需要进行差异化处理。应当明确的是,证券投资者民事救济机制不排斥对适格交易对手投资者的保护,但是这些机构投资者的知识、经验和分析决策能力更为专业,因此在适用因果关系推定、过错推定原则等问题上,应当施加一定的特殊要求。[②]而且在证券侵权损害赔偿的认定中,不是投资者的所有损失或者所有存在投资损失的投资者都应当获得偿付,那些明知虚假陈述行为的存在仍进行证券交易的投资者,其投资损失不予赔偿;司法实践中,不存在投资交易损失的投资者也不能以自己为股票付出了更大价格为由索赔;[③]投资者存在操纵证券价格、恶意投资的行为,其投资损失不应得到赔偿;必要时,还应负担相应的责任。

　　面对层出不竭的证券违法行为,针对内幕交易、操纵市场行为的具体规则尚付阙如,仅有的虚假陈述民事赔偿审判指引也存在制度缺陷,立足于当下证券虚假陈述民事赔偿的审判实证,可以窥见纸面上的规则在实践中的失效。为了有效实现证券侵权救济的制度价值,应当从宏观、中观和微观的角度,全面把握投资者民事救济过程中存在的差异化因素,并结合证券市场实际和审判实践予以调整和探索。

---

① 参见鲍彩慧:《证券虚假陈述民事赔偿因果关系的规则再述——基于 806 份判决书的实证分析》,《证券法苑》2017 年第 5 期。
② 参见贾纬:《证券侵权民事责任之完善》,《法律适用》2014 年第 7 期。
③ See Securities Investor Protection Corp. (SIPC) v. Vigman, United States District Court for the Central District of California, 587 F.Supp. 1358(1984).

第三节　证券投资者民事救济机制的完善

在共性基础和差异分析的基础上,要想有效实施证券投资者民事救济的制度价值,尚需要从四个方面进行系统化考量和协调。第一,《证券法》和司法解释都对证券投资者民事救济和损害赔偿问题进行了规定,这些不同位阶的法律规范,应当如何针对宏观、中观和微观的差异进行规则调适? 第二,在具体的纠纷解决过程中,不同投资者的举证责任也应进行细化规定。第三,在效率原则的指导下,在投资者救济的程序上,除了可以诉诸传统的诉讼方式外,还有哪些替代性民事救济方式可供选择? 第四,如何让投资者的损害赔偿金真正落实到位,也是目前急需解决的问题。

一、细化相关法律规则

在不同证券市场侵权救济的差异化原理基础上,对新三板市场、债券市场以及期货市场等不同证券市场中的侵权行为和救济规则予以区别对待。[1]第一,对于新三板市场而言,新三板市场的投资者结构、公司转板、公司摘牌等特殊阶段,具有相当程度的特殊性。因此,《证券法》奠定了整个多层次资本市场上侵权救济机制的制度基础,在制定或者修改相关司法解释时,应当加入新三板市场的特殊内容。第二,我国债券市场的发展经历了从严格管制到市场化自治的过程,[2]在债券市场"违约潮"的背景下,对债券市场上侵权行为的救济,应当采取与一般股票市场上不同的理念和机制,主要是要充分发挥债券持有人会议的制

---

[1]　冯果、张阳:《证券侵权民事赔偿标准确立的内在机理与体系建构》,《证券法苑》2019年第 3 期。

[2]　2015 年 1 月出台的《公司债券发行与交易管理办法》建立了公司债券市场发行"注册制"的雏形。张军:《债券市场改革与投资者风险意识研究——来自公司债券发行定价的证据》,《证券市场导报》2021 年第 1 期。

度作用,在维权时起到主导作用,并强化对发行人的责任约束。[1]在救济程序的问题上,《全国法院审理债券纠纷案件座谈会纪要》也提出了集中受理、集中管辖并集中审理的债券纠纷案件的处理模式,这也是为适应债券纠纷的群体性特点而设置的集约式办案模式,是投资者民事救济机制的创新。第三,针对期货市场上侵权行为的特殊问题,针对基础证券市场和衍生品市场之间的差异,[2]在证券侵权损害赔偿标准上应对二者进行区分,尤其是根据现行规定和立法计划来看,我国倾向于实行证券、期货分开立法的模式。

我国关于证券侵权民事救济的规则体系是一个逐渐建立和完善的过程。目前仅有最高人民法院对虚假陈述侵权赔偿和民事救济规则的规定,至于内幕交易、操纵市场的问题尚属于法律空白。当然证券侵权民事救济机制的完善宜循序渐进,内幕交易、操纵市场的司法解释需要建立在实践经验的基础上,再实现平稳推进。

二、重新分配不同投资者的举证责任

法谚有云:"举证之所在,败诉之所在",举证责任是"民事诉讼法的脊椎"。[3]一般来说,认定侵权责任的成立和损害赔偿责任的承担,都因循"谁主张、谁举证"的规则;唯特殊侵权行为通常以无过错责任或者过错推定责任为原则,[4]以"举证责任倒置"为常态。对于证券投资者这一特殊主体,如果仍然坚持"谁主张谁举证",则将可能异化为豁免证券经营机构承担民事责任的保护屏障,[5]因此应当规定进行适当的矫正。[6]

---

[1]　洪艳蓉:《论公司债券市场化治理下的投资者保护》,《兰州大学学报(社会科学版)》2020 年第 6 期。

[2]　缪因知:《期货操纵和欺诈致损计算规则研究》,《证券法苑》2015 年第 2 期。

[3]　许仕宦:《新民事诉讼法》,北京大学出版社 2013 年版,第 273 页。

[4]　参见汪渊智:《侵权责任法学》,法律出版社 2008 年版,第 6 页。

[5]　朱志峰:《对证券欺诈民事赔偿"难"的思考》,《广东社会科学》2013 年第 6 期。

[6]　王美舒:《类型思维下的金融消费者:从语词认识到裁判逻辑》,《法律科学(西北政法大学学报)》2019 年第 2 期。

早在 1995 年,最高人民法院出台的《关于审理期货纠纷案件座谈会纪要》中,针对期货纠纷案件中的举证责任问题,规定"客户主张经纪公司未入市交易,经纪公司否认的,应由经纪公司负举证责任。如果经纪公司提供不出相应的证据,就应当推定没有入市交易",也就是首次实现了举证责任倒置规则"由司法政策到司法解释"的落实。[1]新《证券法》第 89 条也规定了普通投资者与证券公司发生纠纷时,证券公司应证明其行为的正当性,否则即应当承担赔偿责任,也即从法律层面确立了证券投资者损害赔偿纠纷时的举证责任倒置规则。但是在此仍存在两个方面的问题应当进行差异化的规定:一是并未区分交易上的因果关系和损失上的因果关系,[2]针对不同内容的举证责任应当作出差异化的制度安排;二是当前规则层面明确了普通证券投资者的举证责任倒置,但是否所有的专业投资者都应当承担举证责任? 这需要在投资者类型化的基础上,重新分配举证责任。

就普通投资者而言,其证据材料搜集和证明能力都较弱,若进入诉讼阶段,则与证券经营机构处于严重的能力失衡状态,证明经营机构之过错实非易事。因此,新《证券法》也认可此时应当由强势的一方承担举证责任的规则。但是,这并不代表投资者不需要承担所有事项的举证责任,投资者自身起码需要证明其有真实的投资行为并且受到了损失。至于其投资行为与损失之间的因果关系,则投资者无需举证,而是应当由证券经营机构承担不存在因果关系的证明,否则应承担举证不能的后果。[3]

---

[1] 叶自强:《举证责任倒置规则的构成要素与适用》,《河北法学》2011 年第 5 期。
[2] 参见郭峰:《证券市场虚假陈述及其民事赔偿责任》,《法学家》2003 年第 2 期;叶承芳:《证券市场虚假陈述侵权责任因果关系的认定》,《北京青年政治学院学报》2010 年第 4 期。
[3] 陈洁:《证券公司违反投资者适当性原则的民事责任》,《证券市场导报》2012 年第 2 期。

　　那么是否专业投资者应如学者所言，仍适用"谁主张、谁举证"的证明责任规则呢?[①]相较于普通投资者，专业投资者的经济实力、专业化程度等都较高，因此认为具有比普通投资者更强的举证能力。但实际上，若专业投资者因为证券经营机构未履行适当性义务或未告知其证券产品的风险等而请求民事救济，投资者的这种主张属于"消极事实"。从诉讼法的原理上来说，如果该消极事实属于权利发生要件，那么应当由主张权利存在的当事人承担举证责任;如果属于权利变更、权利消灭和权利妨碍要件的事实，就应当由否认权利存在的当事人承担举证责任。[②]也就是说，对于专业投资者寻求民事救济的过程中，并非所有事项其都应或者都能够承担举证责任，而是需要具体问题具体分析。若专业投资者因为经营机构没有履行适当性义务，就"投资者的分类"存在异议而寻求救济，一般情况下是投资者认为经营机构将其认定为专业的投资者或者与其自身特征不符的投资者类型，而向其推荐了不匹配的产品，此时就应该由证券经营机构承担举证其履行了适当性义务的责任，或者经营机构举证证明其投资者分类和产品推荐是准确的。此外，若某些证据由证券经营机构保存或者拥有，而专业证券投资者对此举证不能，此时让经营机构承担举证责任可以解决投资者"举证难"的问题，也对实现法律的公平正义有重要意义。

　　对于那些适格交易对手投资者来说，其与普通投资者和一般的自然人专业投资者之间本身存在着本质上的差异，若与证券经营机构产生纠纷，属于平等商事主体之间的纠纷，在解读交易合同、熟悉交易规则和获取证据信息的问题上，在法律地位和举证责任中都可谓是旗鼓相当，因此并不需要法律和在裁判中予以特别救济，而是应当根据诉讼

---

① 参见侯国跃、刘玖琳:《经营机构违反投资者适当性制度性的民事责任》，《证券法苑》2019年第1期。

② 陈贤贵:《论消极事实的举证证明责任:以〈民诉法解释〉第91条为中心》，《当代法学》2017年第5期。

法的基本原理,在诉讼的举证责任中平等对待。

总的来看,为什么不能"只要"投资者与证券经营机构产生争议,"就"应当由经营者承担举证责任? 其原因除了为了实现投资者保护与证券市场发展的平衡之外,从现实角度看,这也是投资者保护法律制度"谦抑性"[①]的体现。当前,为了符合社会公众的需求而进行法律制度的调适,是民主政治的必然要求。但是这些法律规则如何与其他制度相协调、具体应当调适到什么程度,这都将影响投资者保护制度的施行效果。立法上更多地为了保护普通证券投资者的利益,通过向普通投资者适用举证责任倒置,而非向所有类型投资者倾斜,也是为了消除或谨防对投资者过度倾斜保护可能带来的负面效果——如对证券经营机构过度的制度性挤压、证券经营机构可能产生的对策行为、投资者的道德风险等——而进行的制度修正,对证券投资者的民事救济及价值目标的实现有重要的现实意义。

三、推进多元化救济机制的实施

当证券投资者权益受到侵害时,在法律规定的范围内,投资者可以"任意选择一种较能平衡实体利益及程序利益的解决程序",[②]即纠纷解决的"程序选择权"。当前,在我国证券法律制度的框架下,投资者的救济机制从投诉、调解、仲裁到诉讼,呈现出多元化的特点。在具体适用过程中也层次初具,呈现出先投诉处理、后调解、再仲裁(或诉讼)的递进型纠纷解决系统,但是在具体损害赔偿救济中,根据微观层面的差异性因素,具体机制中亦应作出差异性的、选择性的安排。

---

① "谦抑性"是刑法中一种公认的价值、理念或特征,近来也有学者认识到了民法、经济法中谦抑性理念的重要价值。如王立争:《民法谦抑性的初步展开》,《法学杂志》2009 年第 7 期;刘大洪、段宏磊:《谦抑性视野中经济法理论体系的重构》,《法商研究》2014 年第 6 期;肖顺武:《论消费者权益保护法的谦抑性》,《法商研究》2019 年第 5 期。

② 邱联恭:《程序选择权》,三民书局 2000 年版,第 23 页。

就投诉处理机制而言,投资者权益受损或者对认为证券经营机构提供服务过程中存在合规问题,可以有两类投诉处理的渠道。第一种是在证券经营机构内部设置有受理投诉的部门,第二种投诉处理机制是在行业协会和监管部门处。投资者需要先向其经营者提出申诉,当内部投诉不能圆满解决争议时,投资者需要向监管部门或行业协会进一步寻求权益救济。目前,我国现阶段对于内部投诉处理并没有明确的程序与标准,这也导致了证券经营机构内部处理纠纷时的任意性与不公平性。因此,应制定统一的客户投诉处理机制,加强对证券经营机构处理投诉意见的工作监督。

调解是以非诉方式解决证券期货纠纷的重要途径,在证券资本市场发达的国家普遍适用。与传统的诉讼机制相比,调解制度具有尊重当事人意愿、简便高效、成本低廉、强调保密和以和为贵等优势。对于证券投资者来说,证券纠纷调解在第三方主持下,由退休法官、行业专家等非利益相关方提出解决方案,可以有效地完成调解。[1]而且目前投资者保护机构和部分行业协会的调解服务不收取投资者费用。但是调解机制也有其局限性和不足,主要在于调解本身是一种非强制性的自愿程序,证券纠纷调解协议也不当然地具有约束力,因此调解协议的确认和执行方面需要予以规范。

当证券市场主体在参与投资或交易过程中产生纠纷,基于法律规定或仲裁协议,也可以启动仲裁程序,由仲裁机构依法作出裁决来化解纠纷。在美国,早在纽约证券交易所 1817 年的公司章程中就规定了股票可交付仲裁,目前美国已实行强制仲裁制度,证券经营机构作为行业自律性组织,需强制接受仲裁。[2]目前我国证券仲裁的案件数量并不

---

① 沈伟、靳思远:《新〈证券法〉视角下的证券纠纷调解机制及完善进路》,《金融法苑》2020 年第 2 期。
② 梁平、陈焘:《证券纠纷非诉讼解决机制的构建》,《北华大学学报(社会科学版)》2013年第 6 期。

高,主要依靠一般仲裁机构和交易所设立的仲裁委员会来进行纠纷仲裁,对于证券侵权类的民事纠纷,目前很难达成仲裁协议,也就无法发挥仲裁机制灵活高效、专业性强和保密性高的独特优势。为了激励投资者运用仲裁机制来实现证券侵权时的权利救济,在费用方面可以作出针对普通投资者的特殊安排,并根据不同的案件类型制定不同的证券纠纷仲裁程序。

"司法救济是权益保护的最后一道防线。"当前述这些非诉纠纷解决机制无法妥善处理证券投资者的救济纠纷时,诉讼就成为有效救济投资者的重要机制。当前针对证券投资者损害赔偿的诉讼救济,已有证券投资者单独诉讼、代表人诉讼、证券支持诉讼、证券示范诉讼等丰富形式。目前,我国最为常见的证券类诉讼是因虚假陈述引发的民事赔偿诉讼,经过多年时间,这类诉讼的处理已经形成较为固定的流程;近年来,上海金融法院以及各地有经验的法院也在这类案件中尝试代表人诉讼、示范判决以及中小投服中心支持诉讼等审理方式,进一步支持中小投资者的权利救济;为进一步保障中小投资者权益,借鉴美国等国家的集团诉讼的制度优势,《证券法》第95条依托于《民事诉讼法》已有的"人数不确定的代表人诉讼"制度,设置了"中国版集团诉讼"的诉讼模式,体现了"投资者友好型"的裁判理念。[1]

随着社会经济发展,证券投资者权益受损类案件的类型、数量与过往相比存在很大变化,在形态上也趋于专业化、复杂化,加大了投资者救济的难度。因此,为了最佳保护投资者利益,考虑到社会资源的有限性,应当建构并施行不同层级、不同类型的多元救济机制,以满足适度、效率、公正救济之要求。

---

[1] 刘俊海:《投资者友好型的证券纠纷代表人诉讼,有哪些制度创新?》,《人民法院报》2020年8月2日。

四、施行保证赔偿实现的先行赔付制度

经过纠纷解决,投资者受损利益的恢复主要在于损害赔偿责任的落实。大多数证券侵权行为往往关系复杂,存在链条化、复数化的侵权行为人。对于侵权行为"链条"上的不同主体,对外承担何种责任、对内如何进行责任划分？证券侵权赔偿义务人之间赔偿责任的合理配置,是回应投资者基本诉求、权衡各方利益关切后作出的制度选择。

目前证券交易尤其是股票交易以集中竞价和匿名撮合为核心,个别责任和按份责任在此难以成行。因此,当存在多个侵权责任主体时,对外连带责任十分重要,尤其是应加强法律拟制的"构建性连带责任",对关联侵权人进行整体侵权的"拟制",另其承担连带赔偿责任。但实际上,对证券赔偿连带责任的追究存在着一个"惯例",如在虚假陈述民事赔偿责任的承担中,公司主体往往先承担赔偿责任,若其不能承担赔偿责任,则公司高管、中介机构等其他连带赔偿责任主体才承担赔偿责任;而且从赔偿责任的履行时间来看,一般是在行政处罚或者判决作出之后才实际承担责任。[①]在这种情况下,即使设置有连带赔偿责任的责任主体规则,投资者还是不能得到及时赔偿。可以说,先行赔付制度正好可以弥补证券侵权连带赔偿责任的运行缺憾,是证券投资者民事救济机制的必要补充。

先行赔付在我国一般消费者保护、医疗纠纷、网络交易以及重大社会利益保障等领域业已得到应用。[②]证券先行赔付,是指在证券市场侵权行为发生后,据以承担赔偿责任的行政处罚或司法裁判作出之前,由可能承担赔偿责任的连带责任之一先行向投资者垫付承担赔偿责任,先行赔付者可以向发行人、上市公司以及其他责任人进行追偿的一种措施。从规则层面看,新《证券法》第 93 条规定,上市公司存在欺诈发

---

① 陈洁:《证券市场先期赔付制度的引入及适用》,《法律适用》2015 年第 8 期。
② 段丙华:《先行赔付证券投资者的法律逻辑及其制度实现》,《证券市场导报》2017 年第 8 期。

行、虚假陈述等证券侵权行为时,控股股东、实际控制人、相关证券公司可以委托投资者保护机构,就赔偿事宜与受到损失的投资者达成协议,予以"先行赔付"。从现有的实践来看,证券先行赔付制度最早由"平安证券先期赔付万福生科虚假陈述上市案"开始,在"海联讯主要股东就虚假陈述的先期赔付案""兴业证券先期赔付欣泰电气虚假陈述上市案"等案件中也得到了适用。

需要明确的是,先行赔付者的提前赔付行为并非意味着损害赔偿责任的转移,相关证券损害赔偿责任还是一种连带责任,只是为了使受损的投资者得以优先、及时和充分赔偿的一种机制安排。因此,先行赔付后,连带责任人之间尚应该进行内部责任分摊和处理,以避免投资者权利泛化和发行人惩罚缺位的局面。在《证券法》对证券投资者损害赔偿责任主体的多元化、连带责任机制的安排下,从外部效应看可以最大程度地保障投资者受损利益的恢复,但在内部,发行人、控股股东、实际控制人和中介机构等不同责任主体之间尚缺少具体的责任分担机制安排。

证券投资者民事赔偿机制不能局限于对某一市场、某一侵权行为的针对性规制,而是必须在遵循侵权救济机制的一般原理基础上,进行系统性的完善。一个合理的前瞻是,随着证券市场的繁荣发展,涉证券侵权的民事诉讼纠纷也将继续增长。"与形式化的'同案同判'相比,合理的差异化判决更有利于个案公正的实现。"①面对大量投资者民事救济的案件,不能"一刀切",而是要根据各证券市场的特点、各侵权行为的致损逻辑以及不同投资者的情形,该加强投资者保护时要突出体现,该适度弱保护时也要予以坚持,根据个案情形作出合理的裁判。

---

① 周少华:《差异化判决之定罪理由的类案考察——以"盗窃车牌勒索赎金类案件"为例》,《法律科学(西北政法大学学报)》2020年第6期。

结　语

　　长期以来,证券投资者保护已成为各界的共识,我国的投资者保护制度建设已经取得了很大成绩。尤其值得一提的是,新《证券法》中专设"投资者保护"一章,为投资者保护问题提供了原则性和概括性的条款,成为我国投资者保护进程中的重要里程碑。但是也应当看到,证券市场中差异和不平等随处可见,当前这种崇尚原则性的立法技术,是一种"重一般规范、轻特别规范"的思路,为不同的证券投资者提供同等程度的保护,要么会造成保护过当,要么会造成保护不足,可能都难以实现平等保护和公平的法律价值。[1]因此,构建一种更加细致的、更具针对性的证券投资者差异化保护法律制度,具有重要的现实意义。具体而言,完善和建立证券投资者差异化保护法律制度需要在以下方面

---

① 　叶林等:《证券市场投资者保护条例立法研究》,载郭文英、徐明主编:《投服研究》2018 年第 1 辑,第 157 页。

取得突破：

第一，明确证券投资者差异化保护的制度内涵。证券投资者差异化保护法律制度是既有投资者保护制度的升级形态，以投资者的类型化为基础，根据不同证券投资者受保护的需求不同，供给相应的保护路径和法律制度安排。证券投资者差异化保护法律制度的核心思想是对不同证券投资者提供差异化的保护，以平等保护为前提，是一种"合理区别对待"的实质平等观，既保证投资者获得适度保护，在"买者自负"与"卖者有责"间寻得平衡，又最大限度避免其他资源的浪费和对其他主体利益的侵蚀。

第二，完善证券投资者的分类制度。证券投资者差异化保护制度的起点是对证券投资者的科学分类，但是我国证券投资者分类制度是建立在投资者适当性管理制度之上的，存在制度逻辑不清、体系性不足、分类标准粗疏等问题。从制度逻辑来看，证券投资者的分类应与资本市场的结构层次相匹配、与投资者自身的认知水平和自身情况相匹配、与市场的产品和风险状况相匹配，分类标准建立在投资者的合理差异之上，分类结果具有动态性特征。因此，根据不同证券市场的发展阶段和风险特点，应当设置差异化的投资者准入门槛，并进行投资者类型的细化。在《证券法》对普通投资者和专业投资者的"二分法"基础上，进行进一步的分类和细化，具体分为适格交易对手、专业投资者和普通投资者三类，并以证券投资者的分类作为差异化保护制度的基础。

第三，由"同质化保护"向"差异化保护"的保护路径演进。我国证券市场作为一个新兴加转轨的市场，对投资者的特别关照有其必要性，但是不同类型的投资者在受保护需求上存在差异，行政监管保护对投资者保护仅有现时有效性，过度信息披露并无益于投资者有效处理市场信息，法律"父爱主义"倾向则会戕害投资者自我负责的能力。因此应当针对以投资者需求为导向，采取差异化的投资者保护路径。具体应以投资者需求为导向,建立信息披露制度的差异化路径,培育多元化的投资者保护主体,在干预证券投资者自由、保护力度和保护方式上作以差异化的制度安排。

第四,夯实投资者的实体权利,实现投资者权利与证券经营机构义务的合理配置。当前通过强化投资者权利、规范证券经营机构义务,来倾斜保护投资者。但是这种权利倾斜性配置,忽略了投资者"权利束"结构性和复合性的特点,未照拂不同投资者之间行权能力和行权积极性的差异性。这可能会导致证券投资者弱者心态的泛化,而且有的投资者会空置或滥用权利;在制度挤压下,作为义务履行方的证券经营机构也会采取对策行为,损害更弱者的利益。因此,在夯实投资者权利的同时,还应遵循适度倾斜原则、比例原则和权利义务对等原则。根据不同证券投资者的特征,作出权利支持或权利限制的差异化制度安排;在证券经营机构的行为义务一端也要遵循差异化思路,强化其对普通投资者的义务,适当减轻针对专业投资者的义务,对适格交易对手则承担相应的合同义务。通过权利倾斜性配置向差异化配置的思路转变,来有效解决投资者异质性所带来的问题。

第五,完善证券投资者民事救济的程序问题。我国证券侵权民事救济程序和规则的形成,与传统民事纠纷的特点有关,它延续了传统的思维理念,融证券侵权救济的共性机理于其中,但是没有考虑其中的差异原理。宏观上不同证券市场的差异给投资者民事救济的制度统合带来了一定挑战,中观层面不同证券侵权行为对投资者的致损机理存在差异,微观上信息差异和主体差异都会影响投资者获得损害赔偿救济的程度。为完善投资者民事救济机制,应细化相关法律规则,对不同证券市场中的侵权行为和救济规则予以区别对待,重新分配不同投资者的举证责任,推进诉讼外替代性救济机制的实施,并施行保证赔偿实现的先行赔付制度,这些都对保障投资者救济权是具有重要意义的。

最后,制定一部专门的证券投资者保护行政法规——《证券投资者保护条例》,将投资者差异化保护的理念、路径、权利义务配置以及程序保障,落实到法律制度层面十分必要。原因在于:

其一,当前我国投资者保护以及差异化保护的制度内容相对有限,法律体系尚未健全。虽然新《证券法》对投资者保护的问题进行了专门规定,但是内容和条文毕竟有限,而且只规定了一些原则性的问题;对投资者差异化保护的问题来说,虽然《证券法》《适当性管理办法》等法律规范对投资者适当性制度进行了规定,但是作为一个"初级阶段",与完整的投资者差异化保护法律制度之间还有相当程度的差距。目前的法律制度不能回应复杂的投资者类型和差异化的保护需求,也与投资者在证券市场的地位和重要性不相适应。

其二,我国证券投资者差异化保护需要更高位阶的法律规范予以确认。近年来,从立法、监管到司法都越来越重视证券投资者保护的问题,但是当前并没有专门的投资者保护法,行政管理部门制定的关于投资者适当性管理的规定、投资者保护的相关制度,都只是部门规章或规范性文件,在效力和层级上力度不足,司法实践中作为裁判依据也需要进行正当性论证。因此,在法律、部门规章都有关于投资者差异化保护的规定的背景下,补充制定专门的投资者保护条例,可以在法律、行政法规、部门规章之间,形成彼此衔接、由粗至细、从原则性规定到具体操作落实的完整制度体系。

其三,证券投资者类型化的现实情况和投资者保护实践中的许多新问题都需要法律制度进行明确。随着多层次资本市场的不断发展,证券投资者的体量越来越大,内涵也越来越丰富。证券投资者保护法律制度的设置,不能脱离证券市场投资者弱势地位的基本背景,更不能脱离投资者主体类型化的现实语境。实践中,监管部门、投资者保护机构、司法机关等也在不断探索和创新投资者保护的新机制,如投资者保护公益机构持股行权、行政和解、证券支持诉讼等具有中国特色的投资者保护新方法,行之有效,也需要较高层级的行政法规予以固化。[①]

　　综上所述,相较其他国家,我国证券市场的发展阶段、发育程度、法律架构都明显不同,至少就目前而言,单独制定《证券投资者保护条例》,并将证券投资者差异化保护的理念、规则和具体安排融于其中,是恰当和适时的。

---

① 　徐明:《新三板理论与实践》,中国金融出版社 2020 年版,第 1131—1134 页。

参考文献

一、著作及译著类

1. 陈春山:《企业管控与投资人保护》,元照出版社 2000年版。

2. 陈国富:《法经济学》,经济科学出版社 2006 年版。

3. 陈洁:《证券法的变革与走向》,法律出版社 2011年版。

4. 陈洁:《证券欺诈侵权损害赔偿研究》,北京大学出版社 2002 年版。

5. 董云虎、刘武萍:《世界人权约法总览》,四川人民出版社 1990 年版。

6. 冯玉军:《法律的成本效益分析》,兰州大学出版社 2000 年版。

7. 付子堂:《法理学初阶》,法律出版社 2006 年版。

8. 甘强:《经济法利益理论研究》,法律出版社 2009年版。

9. 葛洪义主编:《法理学》,中国法制出版社 2007 年版。

10. 顾功耘主编:《经济法教程》,上海人民出版社 2013年版。

11. 郭雳:《美国证券私募发行法律问题研究》,北京大学出版社 2004 年版。

12. 何勤华:《美国法律发达史》,上海人民出版社 1998 年版。

13. 黄茂荣:《法学方法与现代民法》,中国政法大学出版社 2001 年版。

14. 季卫东:《法律程序的意义——对中国法制建设的另一种思考》,中国法制出版社 2004 年版。

15. 姜付秀、[美]肯尼思·A.金、王运通:《公司治理:西方理论与中国实践》,北京大学出版社 2016 年版。

16. 姜世明:《民事程序法之发展与宪法原则》,元照出版社 2003 年版。

17. 蒋顺才:《上市公司信息披露》,清华大学出版社 2004 年版。

18. 靳长河:《现代证券论》,山东大学出版社 1993 年版。

19. 康书生等:《证券市场制度比较与趋势研究》,商务印书馆 2008 年版。

20. 赖源河:《证券管理法规》,台湾成阳印刷股份有限公司 1996 年版。

21. 李波:《公共执法与私人执法的比较经济研究》,北京大学出版社 2008 年版。

22. 李东方:《证券法学》,中国政法大学出版社 2017 年版。

23. 李东方:《证券监管法论》,北京大学出版社 2019 年版。

24. 刘道远:《证券侵权法律制度研究》,知识产权出版社 2008 年版。

25. 刘俊海:《股份有限公司股东权的保护》,法律出版社 2004 年版。

26. 刘李胜:《上市公司危机管理》,中国时代经济出版社 2009 年版。

27. 罗培新、卢文道等:《最新证券法解读》,北京大学出版社 2006 年版。

28. 罗培新:《随笔心情:在法律与金融之间》,法律出版社 2012 年版。

29. 吕富强:《信息披露的法律透视》,人民法院出版社 2000 年版。

30. 吕世伦、文正邦主编:《法哲学论》,中国人民大学出版社 1999 年版。

31. 缪因知:《中国证券法律实施机制》,法律出版社 2016 年版。

32. 阙紫康:《多层次资本市场发展的理论与经验》,上海交通大学出版社 2007 年版。

33. 沈宗灵:《法理学》,高等教育出版社 1994 年版。

34. 史尚宽:《民法总论》,中国政法大学出版社 2000 年版。

35. 世界银行:《金融消费者保护的良好经验》,中国人民银行金融消费权益保护局译,中国金融出版社 2013 年版。

36. 谭立:《证券信息披露法理论研究》,中国检察出版社 2009 年版。

37. 万国华:《我国 OTC 市场准入与监管制度研究:基于非上市公司治理视角》,人民出版社 2012 年版。

38. 汪全胜:《立法效益研究——以当代中国立法为视角》,中国法制出版社 2003 年版。

39. 汪渊智:《侵权责任法学》,法律出版社 2008 年版。

40. 王利明等:《民法学》,法律出版社 2008 年版。

41. 王人博、程燎原:《法治论》,山东人民出版社 1992 年版。

42. 魏振瀛:《民法》,北京大学出版社 2007 年版。

43. 武长海、涂晟:《互联网金融监管基础理论研究》,中国政法大学出版社 2016 年版。

44. 夏勇:《人权概念起源——权利的历史哲学》,中国政法大学出版社 2001 年版。

45. 谢百三:《证券市场国际比较》(上册),经济管理出版社 2003 年版。

46. 徐明:《新三板理论与实践》,中国金融出版社 2020 年版。

47. 许士宦:《新民事诉讼法》,北京大学出版社 2013 年版。

48. 颜凌云:《金融投资者差异化保护制度研究》,法律出版社 2018 年版。

49. 杨春洗、杨敦先:《中国刑法论》,北京大学出版社 1998 年版。

50. 杨东:《金融消费者保护统合法论》,法律出版社 2013 年版。

51. 杨峰:《证券民事责任比较研究》,法律出版社 2006 年版。

52. 杨华:《投资者关系管理与公司价值创造》,中国财政经济出版社 2005 年版。

53. 叶林:《证券法教程》,法律出版社 2010 年版。

54. 于莹:《证券法中的民事责任》,中国法制出版社 2004 年版。

55. 张明远:《证券投资损害诉讼救济论》,法律出版社 2002 年版。

56. 张育军:《投资者保护法律制度》,人民法院出版社 2006 年版。

57. 章辉:《资本市场投资者适当性制度研究》,法律出版社 2016 年版。

58. 赵万一:《证券市场投资者利益保护法律制度研究》,法律出版社 2013 年版。

59. 中国证券业协会:《金融市场基础知识》,中国财政经济出版社 2019 年版。

60. 周延礼:《上海保险监管体系发展规划研究》,中国金融出版社 2004 年版。

61. 最高人民法院民事审判第二庭:《全国法院民商事审判工作会议纪要理解与适用》,人民法院出版社 2019 年版。

62. [德]格哈特·瓦格纳:《损害赔偿法的未来——商业化、惩罚性赔偿、集体性损害》,王程芳译,中国法制出版社 2012 年版。

63. [德]哈贝马斯:《在事实与规范之间:关于法律和民主法治国的商谈理论》,童世骏译,生活·读书·新知三联书店 2003 年版。

64. [韩]李哲松:《韩国公司法》,吴日焕译,中国政法大学出版社 2000 年版。

65. [美]保罗·萨缪尔森、[美]威廉·诺德豪斯:《经济学》,萧琛译,华夏出版社 1999 年版。

66. [美]大卫·弗里德曼:《经济学语境下的法律规则》,杨欣欣译,法律出版社 2004 年版。

67. [美]德沃金:《至上的美德:平等的理论与实践》,冯克利译,江苏人民出版社 2008 年版。

68. [美]戈登·塔洛克:《对寻租活动的计算》,李政军译,西南财经大学出版社 1999 年版。

69. [美]路易斯·罗思、[美]乔尔·赛里格曼:《美国证券监管法基础》,张路等译,法律出版社 2008 年版。

70. [美]罗伯特·L.麦克唐纳:《衍生品市场基础》,任婕茹、戴晓彬译,机械工业出版社 2009 年版。

71. [美]罗伯特·J.希勒:《非理性繁荣(第二版)》,李心丹等译,中国人民大学出版社 2008 年版。

72. [美]罗尔斯:《正义论》,何怀宏等译,中国社会科学出版社 1980 年版。

73. [美]欧姆瑞·本·沙哈尔:《过犹不及:强制披露的失败》,陈晓芳译,法律出版社 2015 年版。

74. 〔日〕谷口安平:《程序的正义与诉讼》,王亚新等译,中国政法大学出版社 2002 年版。

75. 〔日〕美浓部达吉:《法之本质》,林纪东译,台湾商务印书馆 1993 年版。

76. 〔日〕小岛武司:《自律型社会与正义的综合体系》,法律出版社 2006 年版。

77. 〔日〕星野英一:《私法中的人》,王闯译,中国法制出版社 2004 年版。

78. 〔英〕L.B.科尔森:《朗文法律词典》,法律出版社 2003 年版。

79. 〔英〕米尔恩:《权利与人的多样性——人权哲学》,夏勇、张志铭译,中国大百科全书出版社 1995 年版。

80. 〔英〕约翰·密尔:《论自由》,程崇华译,商务印书馆 1959 年版。

二、期刊类

1. 鲍彩慧:《证券私人诉讼机制的现实问题与实践因应》,《投资者》2020 年第 1 期。

2. 鲍彩慧:《证券私人诉讼机制的理念抉择与路径革新》,《上海法学研究集刊》2019 年第 1 卷。

3. 鲍彩慧:《证券虚假陈述民事赔偿因果关系的规则再述——基于 806 份判决书的实证分析》,《证券法苑》2017 年第 5 期。

4. 曹莉:《公正解决纠纷:司法体制改革下民事诉讼目的之定位》,《南通大学学报(社会科学版)》2018 年第 9 期。

5. 曹胜亮、涂忠亮:《证券虚假陈述侵权之因果关系的立法不足与完善》,《南昌航空大学学报(社会科学版)》2015 年第 2 期。

6. 曾洋:《投资者适当性制度:解读、比较与评析》,《南京大学学报》2012 年第 2 期。

7. 曾洋:《投资者适当性制度:解读、比较与评析》,《南京大学学报(社会科学版)》2012 年第 2 期。

8. 陈昌华:《A 股市场还有希望吗》,《财经》2005 年第 13 期。

9. 陈晨:《科创板注册制行进之"双轨":市场效率与投资者保护》,《北方金融》

2020 年第 2 期。

10. 陈成文:《社会学视野中的社会弱者》,《湖南师范大学社会科学学报》1999
　　年第 2 期。

11. 陈岱松:《试论证券民事诉讼制度之完善》,《证券法苑》2009 年第 1 期。

12. 陈国进、丁杰、赵向琴:《"好"的不确定性、"坏"的不确定性与股票市场定
　　价——基于中国股市高频数据分析》,《金融研究》2019 年第 7 期。

13. 陈寒:《论中小投资者保护制度变迁的价值理念——以美国证券市场为视
　　角》,《生产力研究》2012 年第 1 期。

14. 陈怀峰:《司法效益的方法论思考——以审判资源的成本配置为视角》,《齐
　　鲁学刊》2012 年第 4 期。

15. 陈洁:《投资者到金融消费者的角色嬗变》,《法学研究》2011 年第 5 期。

16. 陈洁:《证券公司违反投资者适当性原则的民事责任》,《证券市场导报》
　　2012 年第 2 期。

17. 陈洁:《证券市场先期赔付制度的引入及适用》,《法律适用》2015 年第 8 期。

18. 陈景辉:《回应"权利泛化"的挑战》,《法商研究》2019 年第 3 期。

19. 陈林林:《反思中国法治进程中的权利泛化》,《法学研究》2014 年第 1 期。

20. 陈贤贵:《论消极事实的举证证明责任:以〈民诉法解释〉第 91 条为中心》,
　　《当代法学》2017 年第 5 期。

21. 程茂军、徐聪:《投资者导向信息披露制度的法理与逻辑》,《证券市场导报》
　　2015 年第 11 期。

22. 崔丽:《转型期我国法律家长主义适用的界限——以"超"法律家长主义的
　　防范为视角》,《西南交通大学学报(社会科学版)》2013 年第 3 期。

23. 崔艳峰:《基于权利倾斜性配置的破产取回权行使期限分析》,《商业研究》
　　2014 年第 12 期。

24. 邓学衷:《我国证券市场的结构约束与发展对策》,《经济问题》1996 年第
　　9 期。

25. 翟艳:《证券市场投资者分类制度研究》,《湖南社会科学》2013 年第 5 期。

26. 董彪:《金融衍生品风险与责任配置的法律分析——以"原油宝"事件为

例》，《南方金融》2020 年第 9 期。

27. 窦鹏娟：《证券信息披露的投资者中心原则及其构想——以证券衍生交易为例》，《金融经济学研究》2015 年第 6 期。

28. 杜晶：《注册制审查的域外实践和理论内涵解析》，《证券法律评论》2015年卷。

29. 杜怡静：《论对金融业者行销行为之法律规范——以日本金融商品贩卖法为例》，《月旦法学杂志》2005 年第 11 期。

30. 段丙华：《先行赔付证券投资者的法律逻辑及其制度实现》，《证券市场导报》2017 年第 8 期。

31. 段锦云等：《权力感对风险决策框架效应的影响》，《心理科学》2016 年第2 期。

32. 段瑞旗、田村笃：《从日本投资者适当性管理制度看投资者保护》，《金融市场研究》2020 年第 7 期。

33. 范水兰：《我国经济法权利实现激励模式探析》，《经济法论坛》2019 年第2 期。

34. 方平：《我国金融消费者权益保护立法相关问题研究》，《上海金融》2010 年第 7 期。

35. 冯果、李安安：《投资者革命、股东积极主义与公司法的结构性变革》，《法律科学（西北政法大学学报）》2012 年第 2 期。

36. 冯果、张阳：《证券侵权民事赔偿标准确立的内在机理与体系建构》，《证券法苑》2019 年第 3 期。

37. 冯果：《投资者保护法律制度完善研究》，《证券法苑》2014 年第 1 期。

38. 冯辉：《紧张与调和：作为经济法基本原则的社会利益最大化和实质公平——基于相关法律文本和问题的分析》，《政治与法律》2016 年第 12 期。

39. 冯燕妮、沈沛龙：《我国多层次资本市场体系研究》，《经济问题》2020 年第10 期。

40. 甘培忠、夏爽：《信息披露制度构建中的矛盾与平衡——基于监管机构、上市公司与投资者的视角》，《法律适用》2017 年第 9 期。

41. 高西庆:《论证券监管权——中国证券监管权的依法行使及其机制性制约》,《中国法学》2002 年第 5 期。

42. 高兆明:《制度伦理与制度"善"》,《中国社会科学》2007 年第 6 期。

43. 葛洪义、张顺:《人的理性的法律表达》,《天津师范大学学报(社会科学版)》2015 年第 2 期。

44. 郭春镇:《论法律父爱主义的正当性》,《浙江社会科学》2013 年第 6 期。

45. 郭丹:《金融消费者之法律界定》,《学术交流》2010 年第 8 期。

46. 郭峰、秦川川:《金融服务法视角下的金融投资商品类型化研究》,《金融服务法评论》2018 年第 9 期。

47. 郭峰:《证券市场虚假陈述及其民事赔偿责任》,《法学家》2003 年第 2 期。

48. 郭雳:《美国证券集团诉讼的制度反思》,《北大法律评论》2009 年第 2 辑。

49. 郭雳:《注册制下我国上市公司信息披露制度的重构与完善》,《商业经济与管理》2020 年第 9 期。

50. 郭伟清:《多元化解证券期货纠纷协调对接机制发展现状与完善建议——以诉调对接为研究重点》,《投资者》2019 年第 3 期。

51. 郝旭光:《论证券市场监管的"三公"原则》,《管理现代化》2011 年第 2 期。

52. 何庆江:《论我国证券民事赔偿中的弱者保护——以虚假陈述制度为中心》,《政法论丛》2003 年第 6 期。

53. 何颖:《金融交易的适合性原则研究》,《证券市场导报》2010 年第 2 期。

54. 洪艳蓉:《从雷曼迷你债券案看香港证券业专业投资者制度》,《金融服务法评论》2010 年第 1 期。

55. 洪艳蓉:《公共管理视野下的证券投资者保护》,《厦门大学学报(哲学社会科学版)》2015 年第 3 期。

56. 洪艳蓉:《论公司债券市场化治理下的投资者保护》,《兰州大学学报(社会科学版)》2020 年第 6 期。

57. 侯国跃、刘玖琳:《经营机构违反投资者适当性制度性的民事责任》,《证券法苑》2019 年第 1 期。

58. 胡玉鸿:《"弱者"之类型:一项社会学的考察》,《江苏行政学院学报》2008

年第 3 期。

59. 黄辉:《公司资本制度改革的正当性:基于债权人保护功能的法经济学分析》,《中国法学》2015 年第 6 期。

60. 黄辉:《中国股权众筹的规制逻辑和模式选择》,《现代法学》2018 年第 4 期。

61. 黄家镇:《论证券交易欺诈因果关系之认定——对法释(2003)2 号规定的反思性解读》,《福建法学》2011 年第 8 期。

62. 黄俊辉:《论相对性是权利的基本特征》,《社科纵横》2008 年第 10 期。

63. 黄文艺:《作为一种法律干预模式的家长主义》,《法学研究》2010 年第 5 期。

64. 黄延廷:《从机会均等到特别保障——弱势主体的权利保护理念》,《社会科学家》2010 年第 1 期。

65. 计小青、曹啸:《标准的投资者保护制度和替代性投资者保护制度——一个概念性分析框架》,《金融研究》2008 年第 3 期。

66. 纪海龙:《比例原则在私法中的普适性及其例证》,《政法论坛》2016 年第 3 期。

67. 贾纬:《证券侵权民事责任之完善》,《法律适用》2014 年第 7 期。

68. 蒋大兴:《隐退中的"权利型"证监会——注册制改革与证券监管权之重整》,《法学评论》2014 年第 2 期。

69. 蒋占峰、董现聪:《社会稳定视角下弱势心态泛化现象研究》,《广西社会科学》2015 年第 11 期。

70. 金湖江、王彩:《投资者网络社交互动下的新羊群效应剖析》,《中国市场》2015 年第 5 期。

71. 井漫:《投资者适当性制度构建:国际经验与本土选择》,《西南金融》2020 年第 4 期。

72. 李昌麟、黄茂钦:《公平分享:改革发展成果分享的现代理念》,《社会科学研究》2006 年第 4 期。

73. 李东方、冯睿:《投资者适当性管理制度的经济和法律分析》,《财经法学》2018 年第 7 期。

74. 李明奎:《制度变迁视角下金融消费者保护机制刍议》,《法律适用》2011 年第 1 期。

75. 李曙光、王佐发:《中国破产法实施的法律经济分析》,《政法论坛》2007 年第 1 期。

76. 李仲翔:《基金投资者的分类监管》,《中央财经大学学报》2002 年第 7 期。

77. 梁平、陈焘:《证券纠纷非诉讼解决机制的构建》,《北华大学学报(社会科学版)》2013 年第 6 期。

78. 梁清华:《论我国合格投资者法律制度的完善——从法定条件到操作标准》,《证券市场导报》2015 年第 2 期。

79. 梁伟亮:《科创板实施下信息披露制度的两难困境及其破解》,《现代经济探讨》2019 年第 8 期。

80. 廖凡:《钢丝上的平衡:美国证券信息披露体系的演变》,《法学》2003 年第 4 期。

81. 廖凡:《金融消费者的概念和范围:一个比较法的视角》,《环球法律评论》2012 年第 4 期。

82. 林少伟、洪喜琪:《机构投资者积极参与公司治理:价值、困境与出路》,《投资者》2020 年第 2 期。

83. 林毅夫等:《我国经济改革与发展战略抉择》,《经济研究》1989 年第 3 期。

84. 刘大洪、段宏磊:《谦抑性视野中经济法理论体系的重构》,《法商研究》2014 年第 6 期。

85. 刘方圆:《从客体到主体:法学范畴分类的认知解释》,《政法论坛》2019 年第 11 期。

86. 刘练军:《论父爱主义司法》,载周永坤主编:《东吴法学》,中国法制出版社2013 年春季卷。

87. 刘权:《目的正当性与比例原则的重构》,《中国法学》2014 年第 4 期。

88. 刘如祥:《香港金融纠纷解决机制的最新发展及启示》,《金融与经济》2014 年第 4 期。

89. 刘伟、刘星:《自愿性信息披露对公司价值的影响研究》,《华东经济管理》2008 年第 5 期。

90. 刘兴华：《证券虚假陈述的因果关系及赔偿问题研究》，《法学研究》2006 年第 3 期。

91. 刘言浩：《中国商事侵权责任法的构建》，《上海商学院学报》2013 年第 1 期。

92. 刘迎霜：《我国金融消费者权益保护路径探析——兼论对美国金融监管改革中金融消费者保护的借鉴》，《现代法学》2011 年第 3 期。

93. 刘煜：《行政滥诉的法经济学分析》，《理论学刊》2020 年第 4 期。

94. 刘云亮：《注册制下证券发行信息披露责任创新制度研究》，《证券法律评论》2016 年卷。

95. 马国泉：《论金融商品的规制与监管》，《法学研究》2008 年第 8 期。

96. 缪因知：《期货操纵和欺诈致损计算规则研究》，《证券法苑》2015 年第 2 期。

97. 倪受彬、张艳蓉：《证券投资咨询机构的信义义务研究》，《社会科学》2014 年第 10 期。

98. 潘斌：《风险社会的正义分配——基于差别原则的正义衡量》，《华中科技大学学报》2018 年第 5 期。

99. 潘林：《论公司法任意性规范中的软家长主义以股东压制问题为例》，《法制与社会发展》2017 年第 1 期。

100. 庞永红：《从慈善到正义——西方分配正义中的弱势群体观探究》，《贵州社会科学》2012 年第 10 期。

101. 彭冰：《公募众筹的理论基础》，《证券法律评论》2016 年卷。

102. 彭定光：《论对等原则——不平等的合理限度》，《襄樊学院学报》2002 年第 1 期。

103. 彭真明、殷鑫：《论金融消费者知情权的法律保护》，《法商研究》2011 年第 5 期。

104. 钱弘道：《法律的经济分析工具》，《法学研究》2004 年第 4 期。

105. 曲笑飞：《弱者的制度性生产与再生产》，《齐鲁学刊》2020 年第 6 期。

106. 沈冰：《我国证券市场信息不对称探讨》，《商业研究》2006 年第 2 期。

107. 沈伟、黄桥立：《论证券纠纷调解机制的优化路径——以日本证券金融商品斡旋咨询中心为镜》，《山东科技大学学报（社会科学版）》2020 年第

3 期。

108. 沈伟、靳思远:《新〈证券法〉视角下的证券纠纷调解机制及完善进路》,《金融法苑》2020 年第 2 期。

109. 沈伟:《复杂结构金融产品的规制及其改进路径——以香港雷曼迷你债券事件为切入点》,《中外法学》2011 年第 6 期。

110. 盛学军:《监管失灵与市场监管权的重构》,《现代法学》2006 年第 1 期。

111. 石佳友:《论侵权责任法的预防职能》,《中州学刊》2009 年第 4 期。

112. 孙当如:《完善区域性股权市场个人合格投资者制度的探讨》,《证券市场导报》2015 年第 11 期。

113. 孙莉、黄方亮、韩旭、杨敏:《异质投资者对 IPO 信息披露需求差异调查分析》,《山东财经大学学报》2018 年第 4 期。

114. 孙莉:《我国证券市场上投资者保护的实施特征及其完善方式——一个产权经济学视角》,《兰州商学院学报》2011 年第 6 期。

115. 孙龙、雷洪:《对策行为普遍化的原因——对当代中国一种隐性社会问题的剖析》,《社会科学研究》2000 年第 6 期。

116. 孙笑侠、郭春镇:《法律父爱主义在中国的适用》,《中国社会科学》2006 年第 1 期。

117. 孙跃:《案例指导制度的法律经济学分析:现实困境、成因及出路》,《理论月刊》2018 年第 9 期。

118. 谈李荣:《金融信托交易模式演进的法律逻辑》,《华东政法大学学报》2017 年第 5 期。

119. 汤维建:《论司法公正的保障机制及其改革》,《河南省政法管理干部学院学报》2004 年第 6 期。

120. 唐应茂:《金融消费者有什么权利?——也谈美国 2010 年〈消费者金融保护法〉》,《比较法研究》2013 年第 4 期。

121. 唐有良:《投资者保护与金融消费者保护之辨析》,《证券法律评论》2017 年第 4 期。

122. 万勇:《美国私募发行证券的转售问题研究——兼论我国非公开发行证券

转售制度的构建》,《证券市场导报》2006 年第 9 期。

123. 汪青松、赵万一:《股份公司内部权力配置的结构性变革——以股东"同质化"假定到"异质化"现实的演进为视角》,《现代法学》2011 年第 3 期。

124. 王保树、杨继:《论股份公司控制股东的义务与责任》,《法学》2002 年第 2 期。

125. 王福华:《集团诉讼存在的理由》,《当代法学》2008 年第 6 期。

126. 王海明:《权利分配原则论》,《湖南师范大学社会科学学报》2001 年第 6 期。

127. 王惠芳:《信息强制披露与自愿披露的重新界定与监管》,《宏观经济研究》2020 年第 12 期。

128. 王立争:《民法谦抑性的初步展开》,《法学杂志》2009 年第 7 期。

129. 王林清:《公平交易理论下内幕交易受害投资者司法救济》,《中外法学》2017 年第 3 期。

130. 王美舒:《类型思维下的金融消费者:从语词认识到裁判逻辑》,《法律科学(西北政法大学学报)》2019 年第 2 期。

131. 王思斌:《社会转型中的弱势群体》,《社会学月刊》2002 年第 6 期。

132. 王彦明、戴燕:《新时代地方经济立法质量提升路径探讨——以成本效益分析方法的适用为中心》,《兰州学刊》2020 年第 5 期。

133. 王智:《价值与价值实现》,《西南民族大学学报(人文社科版)》2005 年第 12 期。

134. 吴飞飞:《从权利倾斜到责任倾斜的弱者保护路径转换——基于法经济学视角的解读》,《广东商学院学报》2013 年第 6 期。

135. 吴飞飞:《公司法中的权利倾斜性配置——实质的正义还是错位的公平》,《安徽大学学报(哲学社会科学版)》2013 年第 3 期。

136. 吴弘、吕志强:《金融机构适当性义务辨析——新〈证券法〉及〈纪要〉视角》,《上海金融》2020 年第 6 期。

137. 吴宁:《社会弱势群体保护的权利视角及其理论基础——以平等理论透视》,《法制与社会发展》2004 年第 3 期。

138. 吴秋实、陈锐:《从投资者保护角度看我国金融结构与金融监管》,《武汉金融》2004 年第 7 期。

139. 吴双:《威胁化解论——机构投资者诚信义务之制度构建与法理证成》,《税务与经济》2020 年第 5 期。

140. 吴晓文:《民营企业对策行为研究》,《北京化工大学学报(社会科学版)》2003 年第 4 期。

141. 吴泽勇:《集团诉讼在德国:"异类"抑或"蓝本"》,《法学家》2009 年第 6 期。

142. 肖建国:《论财产刑执行的理论基础》,《法学家》2007 年第 2 期。

143. 肖顺武:《论消费者权益保护法的谦抑性》,《法商研究》2019 年第 5 期。

144. 肖伟:《论证券市场危机下政府救市的适度性》,《海峡法学》2012 年第 2 期。

145. 肖旭:《投资性保险全接触》,《财会通讯》2007 年第 3 期。

146. 校坚等:《境外投资者适当性制度比较与案例分析》,《证券市场导报》2010 年第 9 期。

147. 谢鸿飞:《论创设法律关系的意图:法律介入社会生活的限度》,《环球法律评论》2012 年第 3 期。

148. 谢治菊:《作为批判的差等正义:依据、内涵与超越》,《中共福建省委党校学报》2015 年第 9 期。

149. 邢会强:《金融法上信息披露制度的缺陷及其改革——行为经济学视角的反思》,《证券市场导报》2018 年第 3 期。

150. 邢会强:《金融消费者的法律定义》,《北方法学》2014 年第 5 期。

151. 邢会强:《新三板市场的合格投资者制度及相关制度改革》,《环球法律评论》2018 年第 6 期。

152. 陈洁:《投资者到金融消费者的角色嬗变》,《法学研究》2011 年第 9 期。

153. 徐凯:《资本市场分层的理论逻辑与效应检验:基于中国新三板市场的分析》,《金融经济学研究》2018 年第 2 期。

154. 徐明、卢文道:《证券交易"买者自负"原则的司法适用及法制化初探》,《证券法苑》2011 年第 1 期。

155. 徐涤宇、潘泊:《私法自治的变迁与民法中"人"的深化》,《法学论坛》2004年第 6 期。

156. 徐王蕾、魏荣:《群体性弱势心态归因及矫正研究——基于弗洛姆人学思想》,《牡丹江大学学报》2015 年第 4 期。

157. 许成钢:《法律、执法与金融监管——介绍"法律的不完备性"理论》,《经济社会体制比较》2001 年第 5 期。

158. 薛克鹏:《经济法的实质正义观及其实现》,《北方法学》2008 年第 1 期。

159. 薛克鹏:《政府救市行为的法律性质及其法治化模式》,《安徽大学法律评论》2010 年第 1 期。

160. 闫厚军:《浅析中国证券市场的公平原则》,《辽宁行政学院学报》2006 年第 3 期。

161. 杨东:《论金融消费者概念界定》,《法学家》2014 年第 5 期。

162. 杨解君:《行政法平等原则的局限及其克服》,《江海学刊》2004 年第 5 期。

163. 杨秋宇:《信托通道业务的私法构造及其规制逻辑》,《北京理工大学学报(社会科学版)》2020 年第 9 期。

164. 杨蓉:《法学研究的新视野:对法律的经济学分析》,《国家检察官学院学报》2001 年第 4 期。

165. 杨为程:《证券交易中"买者自负"原则的检讨与反思》,《江汉论坛》2015 年第 4 期。

166. 叶承芳:《证券市场虚假陈述侵权责任因果关系的认定》,《北京青年政治学院学报》2010 年第 4 期。

167. 叶金强:《私法中理性人标准之构建》,《法学研究》2015 年第 1 期。

168. 叶林:《金融消费者的独特内容——法律和政策的多重选择》,《河南大学学报(社会科学版)》2012 年第 5 期。

169. 叶林:《证券市场投资者保护条例立法研究》,载郭文英、徐明主编:《投服研究》2018 年第 1 辑,第 157 页。

170. 叶自强:《举证责任倒置规则的构成要素与适用》,《河北法学》2011 年第 5 期。

171. 易小明:《对等——正义的内在生成原则》,《社会科学》2006 年第 11 期。

172. 尹海员:《中国证券市场监管均衡与适度性分析》,《重庆大学学报(社会科学版)》2011 年第 6 期。

173. 应飞虎:《经营者信息披露制度研究》,《经济法论坛》2003 年 12 月刊。

174. 应飞虎:《权利倾斜性配置研究》,《中国社会科学》2006 年第 3 期。

175. 应飞虎:《弱者保护的路径、问题与对策》,《河北法学》2011 年第 7 期。

176. 于春敏:《金融消费者的法律界定》,《上海财经大学学报》2010 年第 4 期。

177. 余少祥:《法律语境中弱势群体概念构建分析》,《中国法学》2009 年第 3 期。

178. 禹竹蕊:《从盛行到自持——法律父爱主义在行政管理中的演进》,《深圳大学学报(人文社会科学版)》2017 年第 5 期。

179. 原凯:《美国券商之最佳执行原则及其启示》,《华侨大学学报(哲学社会科学版)》2012 年第 2 期。

180. 张保红:《论证券非公开发行制度的重构——以投资者规制为中心》,《政治与法律》2015 年第 4 期。

181. 张海涛:《论商法效益价值:内涵及制度展开》,《商品与质量》2011 年第 11 期。

182. 张军:《债券市场改革与投资者风险意识研究——来自公司债券发行定价的证据》,《证券市场导报》2021 年第 1 期。

183. 张涛:《差异性公平刍议》,《理论导刊》2006 年第 12 期。

184. 张腾文等:《金融知识、投资经验与权利能力》,《当代经济科学》2017 年第 6 期。

185. 张文显:《从义务本位到权利本位是法的发展规律》,《社会科学战线》1990 年第 3 期。

186. 张艳:《个人投资者的保护逻辑与新时代的路径选择》,《当代法学》2019 年第 1 期。

187. 张异冉:《我国股票市场合格投资者认定标准改革——以自然人的认定标准为例》,《上海金融》2020 年第 5 期。

188. 张宇润、杨思斌:《论证券法"三公"原则的制度内涵》,《法商研究》2002 年第 5 期。

189. 章武声:《我国证券集团诉讼的模式选择与制度重构》,《中国法学》2017 年第 2 期。

190. 赵立新:《构建投资者需求导向的信息披露体系》,《中国金融》2013 年第 6 期。

191. 赵晓钧:《欧盟〈金融工具市场指令〉中的投资者适当性》,《证券市场导报》2011 年第 6 期。

192. 赵晓钧:《中国资本市场投资者适当性规则的完善》,《证券市场导报》2012 年第 2 期。

193. 赵晓钧:《中国资本市场投资者适当性规则的完善——兼论〈证券法〉中投资者适当性规则的构建》,《证券市场导报》2012 年第 2 期。

194. 赵宇霞、王成亮:《试析入世对中国弱势群体的影响》,《社会学月刊》2002 年第 6 期。

195. 赵中源:《"弱势"心理蔓延:社会管理创新需要面对的新课题》,《马克思主义与现实》2011 年第 5 期。

196. 郑青:《论证券投资服务消费者的法律地位》,《清华法学》2013 年第 2 期。

197. 郑晓剑:《比例原则在民法上的适用及展开》,《中国法学》2016 年第 2 期。

198. 郑彧:《我国证券市场信息披露制度的法律分析——以法律规范文义解释为基础的研究》,《证券法苑》2014 年第 3 期。

199. 钟裕民:《公共政策负排斥:特征与类型的探讨》,《行政论坛》2014 年第 6 期。

200. 周刚志:《论基本权利的均等保护》,《厦门大学学报(哲学社会科学版)》2010 年第 1 期。

201. 周少华:《差异化判决之定罪理由的类案考察——以"盗窃车牌勒索赎金类案件"为例》,《法律科学(西北政法大学学报)》2020 年第 6 期。

202. 周少华:《刑事案件的差异化判决及其合理性》,《中国法学》2019 年第 4 期。

203. 周小川:《资本市场的多层次特性》,《金融市场研究》2013 年第 8 期。

204. 朱华政:《论市场经济的效率价值》,《现代法学》2005 年第 4 期。

205. 朱小川:《发达市场金融商品合格投资者制度述评》,《证券市场导报》2010 年第 9 期。

206. 朱志峰:《对证券欺诈民事赔偿"难"的思考》,《广东社会科学》2013 年第 6 期。

三、学位论文类

1. 陈冲:《中国证券市场中小投资者私权利保护研究》,华东政法大学 2019 年博士学位论文。

2. 程茂军:《上市公司信息披露法律规制研究》,华东政法大学 2017 年博士学位论文。

3. 窦鹏娟:《金融衍生品投资者保护法律制度研究》,武汉大学 2014 年博士学位论文。

4. 范水兰:《经济法权利研究》,西南政法大学 2011 年博士学位论文。

5. 葛其明:《证券市场差异化信息披露法律制度比较研究》,上海交通大学 2018 年博士学位论文。

6. 雷桂森:《证券侵权救济制度研究》,南京师范大学 2015 年博士学位论文。

7. 刘珂:《证券投资者民事救济制度研究》,西南政法大学 2015 年博士学位论文。

8. 龙超:《证券监管的原因与结构分析》,复旦大学 2003 年博士学位论文。

9. 罗文锋:《当代中国证券法治的理论建构与实践路径——以权力制约与权利保障为分析框架》,武汉大学 2014 年博士学位论文。

10. 庞小凤:《我国证券监管转型背景下的投资者保护研究》,对外经济贸易大学 2015 年博士学位论文。

11. 孙莉:《政府主导下我国证券市场投资者保护水平的选择》,山东大学 2009 年博士学位论文。

12. 万玲:《金融消费者权益行政法保护制度研究》,复旦大学 2013 年博士学位论文。

13. 颜凌云:《金融投资者差异化保护制度研究》,江西财经大学 2017 年博士学位论文。

14. 杨淦:《上市公司差异化信息披露研究》,西南政法大学 2015 年博士学位论文。

15. 张付标:《证券投资者适当性制度研究》,对外经济贸易大学 2014 年博士学位论文。

四、报纸类

1. 才丹吉:《适当性管理中的投资者义务》,《中国证券报》2020 年 6 月 5 日第 A05 版。

2. 刘俊海:《统一而又分层的投资者分类制度是投资者友好型社会的核心特征》,《证券日报》2016 年 12 月 20 日第 B03 版。

3. 刘俊海:《投资者友好型的证券纠纷代表人诉讼,有哪些制度创新?》,《人民法院报》2020 年 8 月 2 日。

4. 张钦昱:《证券法用系统性思维完善投资者保护制度》,《证券日报》2020 年 4 月 30 日第 A02 版。

5. 深圳证券交易所:《高效率低成本解决证券纠纷》,《中国证券报》2013 年 6 月 8 日 A06 版。

五、外文论文类

1. Amanda M. Rose, The Reasonable Investor of Federal Securities Law: Insights from Tort Law's Reasonable Person & Suggested Reforms, Journal of Corporation Law, Vol.43, Issue 1(2017), 77—118.

2. Arthur B. Laby. Selling Advice and Creating Expectations: Why Brokers Should be Fiduciaries. Washington Law Review, 2012, 87(3):707—776.

3. Aulana L. Peters, Independent Agencies: Government's Scourge or Salvation? Duke University School of Law 295(1988).

4. Barbara Black, Are Retail Investors Better Off Today, 2 Brooklyn Journal of Corporate, Financial & Commercial Law 303(2008).

5. Barbara Black, Behavioral Economics and Investor Protection: Reasonable Investors, Efficient Markets, 44 Loyola University Chicago Law Journal 1493(2013).

6. C. Edward III Fletcher, Sophisticated Investors under the Federal Securities Laws, 1988 Duke Law Journal 1081(1988).

7. Cass R. Sunstein, Richard H. Thaler, Libertarian Paternalism Is Not an Oxymoron, University of Chicago Law Review 1159(2003).

8. Coffee, John C. "Reforming the Securities Class Action: An Essay on Deterrence and Its Implementation". Columbia Law Review 106. 7 (2006): 1534—1586.

9. David A. Hoffman, The Duty to be a Rational Shareholder, Minnesota Law Review, Vol.90, p.537, 2006.

10. David Bernstein, Should Investors Have a Voice, 33 International Financial Law Review 22(2014).

11. David C. Donald & Paul W. H. Cheuk, Hong Kong's Public Enforcement Model of Investor Protection, 4 Asian Journal of Law and Society 349 (2017).

12. David S. Ruder, Balancing Investor Protection with Capital Formation Needs after the SEC Chamber of Commerce Case, 26 Pace Law Review 39 (2005).

13. Donald C. Langevoort, The SEC as a Lawmaker: Choices about Investor Protection in the Face of Uncertainty, 84 Washington University Law Review 1591(2006).

14. Donald C. Langevoort, The SEC, Retail Investors, and the Institutionalization of the Securities Markets, 95 Virginia Law Review 1025(2009).

15. Fast N J, Sivanathan N, Mayer N D, et al. Power and overconfident deci-

sion-making. Organizational Behavior &. Human Decision Processes, 2012, 117(2):249—260.

16. Gedicks, Frederick Mark, Suitability Claims and Purchases of Unrecommended Securities: a Theory of Broker-Dealer Liability. 37 Arizona State Law Journal 535—88(2005).

17. Ilon Oliveira, Regulation of Rule 506 Private Placements: The Teetering Balance between Investor Protection and Capital Formation, 45 Golden Gate University Law Review 287(2015).

18. Jason Cohen, Bringing down the Average: The Case for a Less Sophisticated Reasonableness Standard in US and EU Consumer Law, 32 Loy. Consumer L. Rev. 1(2019).

19. Jeroen Suiis: Voluntary Disclosure of Information When Firms are Uncertain of Investor Response, Journal of Accounting and Economics, 2007, 43(2—3):391.

20. Kalay, A., Investor Sophistication and Disclosure Clienteles. Review of Accounting Study, 2015, 20(2):976—1011.

21. Klaw, Bruce W., Why Now is the Time to Statutorily Ban Insider Trading Under the Equality of Access Theory, 7 William &. Mary Business Law Review 275(2016).

22. La Porta, Rafael and Lopez de Silanes, Florencio and Shleifer, Andrei, What Works in Securities Laws? July 16, 2003.

23. Laurent E. Calvet, John Y. Campbell &. Paolo Sodini, Measuring the Financial Sophistication of Households, American Economic Review, Vol.99, No.2(2009), pp.393—398.

24. Leonard J. De Pasquale, Helping to Ameliorate the Doctrine of Caveat Emptor in the Securities Market: Reves v. Ernst &. (and) Young, 26 New England Law Review 893(1992) 893—920.

25. Leuz, Christian and Wysocki, Peter D., Economic Consequences of Finan-

cial Reporting and Disclosure Regulation: A Review and Suggestions for Future Research(March 2008).

26. Loss, Louis. SEC and the Broker-Dealer, Vanderbilt Law Review 516 (1948).

27. Louis Loss & Joel Seligman. Securities Regulation. Aspen Law & Business, 3d ed. Rev. 1998: 29.

28. Louis Loss, The SEC and the Broker-Dealer, Vanderbilt Law Review 1948, p.516.

29. Margaret V. Sachs, Materiality and Social Change: The Case for Replacing "the Reasonable Investor" with "the Least Sophisticated Investor" in Inefficient Markets, Tulane Law Review, Vol.81, pp.473—508, 2006.

30. Marius Cristian Milos & Laura Raisa Milos, Investor Protection and Stock Market Development: Empirical Approach on the European Union Case, 9 Juridical Tribune 113(2019).

31. Norman S. Poser. Liability of broker-dealer for unsuitable recommendations to institutional investors. Brigham Young University Law Review, 1493 (2001).

32. Norman S. Poser. Liability of broker-dealer for unsuitable recommendations to institutional investors. Brigham Young University Law Review, 2001(7).

33. Paredes T. A. Blinded by the Light: Information Overload and its Consequences for Securities Regulation. 81 Washington University in St. Louis—School of Law. 417(2003).

34. Stefan J. Padfield, Is Puffery Material to Investors—Maybe We Should Ask Them, 10 University of Pennsylvania Journal of Business and Employment Law 339(2008).

35. Thomas S. Ulen, A Behavioral View of Investor Protection, 44 Loyola University Chicago Law Journal 1357—1376(2013).

36. Tom C. W. Lin, A Behavioral Framework for Securities Risk, 34 Seattle

University Law Review 325(2011).

37. Zingales L. The Future of Securities Regulation[J]. Journal of Accounting Research，2009，47(2)：391—425.

六、网站类

1.《最高法发文依法打击债券市场乱象》，https：//baijiahao. baidu. com/s? id = 16729996144327181438-wfr = spider&for = pc，2021 年 3 月 10 日访问。

2. 上交所投教：《科创板投资者适当性管理》，http：//client. sina. com. cn/news/ 2019-06-05/doc-ihvhiqay3778936.shtml，2020 年 9 月 20 日访问。

3. 中国证券投资者保护基金有限责任公司：《2019 年度证券投资者保护制度评价报告》，http：//www. sipf. com. cn/dcpj/zxgz/2020/05/13001. shtml，2020 年 6 月 20 日访问。

4. 中国证券业协会：《股票市场投资者结构国际比较研究》，https：//mp. weixin.qq.com/s/mkVJvOAPZXLiAXLrN29i6w，2020 年 10 月 2 日访问。

5. 中证中小投资者服务中心官网，http：//www. isc. com. cn/html/zxxw/ 20210203/3577.html，2021 年 3 月 10 日访问。

6. The National Financial Capability Study，A Report of the National Financial Capability Study， at https：//www. usfinancialcapability. org/downloads/ NFCS_ 2018_Inv_Survey_Full_Report. pdf.，February 10，2021.

后　记

　　早就想着,要在后记中好好写上一笔,以作纪念。甚至在本书写作遇到瓶颈时,笑言若可以从后记开始写,那定是文思泉涌。可是真到写的时候,却提笔忘言,太多的情绪竟不知从哪里开始。只得感慨时光匆匆,拾整心中的感激、遗憾与不舍。

　　华政一程,何其有幸。我应该是一个很难走出舒适圈的人,因此在熟悉了华政的清晨、午后和傍晚之后,就不舍离开。从松江到长宁,从思贤桥到苏州河,九年时光,于华政园而言只是转眼,于我却是青春最美的回忆。我想校园上空应该有一道屏障吧,不管马路对面的中山公园多么热闹,只要进入学校,就是心安。越是迫近毕业,越是情难自已,韬奋楼的钟声、图书馆的灯光、苏州河桥上的微风,都是我心里一遍遍描摹却又带不走的风景。感谢华政予我包容,予我安宁。我有幸仔细欣赏、端详美丽的华政园和静谧的苏州河,虽然终将会换了夜晚,但是我将始终深爱着这个地方。

师恩难忘,永感于心。承蒙顾功耘教授垂爱,我有幸加入顾门大家庭。还记得当时顾老师在东风楼 132 会议室与我们新生见面,叮嘱我们,不但要认真学习、努力工作,还要积极生活。真的好像就在昨天!而顾老师也身体力行,向我展现了一个谦谦君子是如何博学、认真、儒雅又可爱的。硕士期间,师门有两周一次读书会的惯例,通常是在下午,顾老师前脚结束学校方面繁忙的事务,后脚就赶来参加读书会,在我们幼稚浅显的汇报后,顾老师总是耐心指点,提供更深入的思考和发散的思维,并鼓励我们进一步研究。除读书会外,顾老师还为我们提供了如名家讲座、学术会议、课题研究等方面的学习资源,顾门浓厚的学术氛围将使我受益终身!顾老师是一个追求完美的人,总能发现会议议程或论文材料中被忽略的细节和错误,对自己和学生都要求严格。但顾老师为人却非常谦和,使人敬而不畏,颇有翩翩风范。每每因日常学习或生活琐事叨扰,老师总是温和且不厌其烦,笑呵呵地说"没关系"。顾老师每时每刻都将自身的优良品质、人生智慧传递给学生,在我博士论文选题、写作过程中,顾老师都给予了耐心指导和无私帮助,每每想起也总倍觉幸运。实乃平生一"顾",至此经年。

攻读博士从来不是件容易的事。因此当学院有硕博连读的名额时,我考虑再三,同老师和家人商量后,下定决心想要试一试。很巧的是,时任中证中小投资者服务中心总经理的徐明教授来学校做讲座,主题是"中小投资者保护的机制创新"。因硕士期间的学习和研究集中于证券法领域,尤其是自己很关注投资者保护的问题,因此我想是不是有可能在徐老师的指导下攻读博士学位。我曾在顾老师召开的一个关于国有产权交易问题的小型会议上见过徐明老师。惭愧的是,其实当时我并不知晓徐老师,制作席卡时只是对"投服中心"的"徐总经理"颇为好奇。但是在旁听会议时,徐老师敏捷的思维、条理清楚的分析一下子就吸引了我,我甚至到现在都还记得,徐老师当时将国有产权交易与证券交易相对比,分析间不仅有理论还有实践,那种睿智实在令我印象深刻。因此,与顾老师商量后,我借徐老师来做讲座的机会,与徐老师短暂见面并获得了珍贵的博士导师签字。在此,还是要感谢顾老师的引荐和无私帮助,因为当时我与徐老师的见面无疑是唐突的,我也知道每年慕名想读徐老师博士的人有许多,但因顾老师的推荐和鼓励,才使我有这得来不易的机会。

在博士就读期间,徐老师调任全国股转公司并赴任北京。我当时有过慌乱,担心因为我在上海而不方便与老师交流,而且颇为惭愧的是,因为我的不善言辞和担心打扰,有时甚至是徐老师主动联系我、同我沟通相关事宜。我仍记得博士论文选题之时,徐老师和我是坐在"第二届中小投资者服务论坛"的会场角落里商定论文题目的,当时有其他任务都被徐老师推拒,嘈杂的会场也没有影响徐老师的耐心,还细心地帮我安排论文的篇章结构,那种忙而不乱的气质深深印在我心中。博士论文写作过程中,从论文题目的修正、文章结构的安排、具体内容的调整到结论观点的妥适等问题,徐老师都进行了悉心的指导和帮助,感激之情难以言表。徐老师深耕于中国资本市场近三十年,行事低调、热情饱满,而且是位实干家!徐老师到任新三板后,推进了新三板市场的全面深化改革,推进完善了发行融资、市场分层、信息披露、转板上市等制度,使新三板有了非常大的改变。更令我钦佩和惭愧的是,徐老师还著就了百万字的《新三板理论与实践》,因工作繁忙,徐老师只能晚上进行写作,时不时睡在办公室里。此时这本大部头也正摆在我的手边,这无疑是对我尚需继续努力的督促,读博的时间有限,但是所学的各种知识与品质将终身受用。

在硕士和博士的学习期间,非常感谢胡改蓉教授的指导、帮助、鼓励和陪伴。我还记得胡老师将我们一众新生"领"回 139 教室的场面,如果说有缘分这回事,我想那这就是我与我的"女神"缘分的开始。我有幸与胡老师这几年是师生、似朋友、称姐妹,有感恩、有钦佩、有感动。胡老师是一个非常认真的人,不管什么时候上课、上什么课,她总会提前认真备课,而且经常是熬夜备课;大小会议和讲座的材料,她总会亲自反复确认;学生们的小论文、毕业论文,凡经她手,也总是不肯马虎,会认真指导和评阅。而这些,我想也都在潜移默化地影响着我,这个东风楼的"劳模",这位来图书馆和学生抢座位的教授,我打心底里佩服她、心疼她。她早就吓唬我说写博士论文是要褪层皮的,我开始也不信,但亲身经历后不得不承认,博士论文的写作过程确实是挣扎痛苦的。在我博士论文写作的过程中,从选题到答辩一路走来,胡老师指导着我的文章,安抚着我的焦躁,还要时不时地带我吃饭"补充营养"。每每想到此我都倍觉温暖,此时此刻更是铭感五内。

在华政经济法学院就读的这几年间,学院的各位老师给予了很多的帮助和指导。吴弘老师、钱玉林老师、罗培新老师、肖国兴老师、陈少英老师等老师给我们授课,各位老师广泛而不失深刻的观点阐述,深厚的学术造诣以及正直的品格都令我敬仰和尊重。伍坚老师、陈婉玲老师、刘凤元老师、任超老师等老师,在我博士论文开题和预答辩中,一针见血地指出论文中存在的问题,所提出的宝贵意见和建议更是之后论文修改中最为重要的依托。日常的学习和交流中,感谢季奎明老师、张璐老师、王东光老师、李伟群老师、郑彧老师、肖宇老师等给予的关心和鼓励,他们渊博的学识、扎实的学风、诙谐而又和蔼的交流方式,都使我受益良多。同时,上海市高级人民法院的竺常赟法官、上海金融法院的王珊法官和杨晖法官,全国股转公司的杨微波、王雪、田李蓓、曹明明等以及其他法律部的老师,都关心和帮助过我,对论文提出了宝贵的意见,在此一并表示感谢。

就读期间,我也要感谢同学和朋友们的关照。感谢我的室友王倩茹博士、曾芳律师、高羚法官,虽然如今大家天南海北,但硕士期间的陪伴和帮助,这份感情值得永远珍惜。感谢方乐、张栋、刘美、方瑞安、姚鹏斌、卢颖、沈砺君、乐宇歆等博士同学,三年里我们相互帮助,共同进步,一起努力克服了许多困难,给予了我精神上的鼓励和指引。感谢陈冲师姐和丁冬师兄,在生活上和学习上都对我颇为关照。多么庆幸,能在读书期间认识大家,并一起走过这段路,这些感情我将永远铭记于心。再接下来,我也要感谢吕子乔博士,我们相识于华政,并且相互陪伴和支持。我一直认为读博是一个孤独的过程,感谢吕博士为这段旅程提供了许多不一样的风景,给予了我包容和关怀,我衷心地感谢他,愿我们携手继续努力。

我也必须要感谢我的家人。感谢家人的辛苦付出,能够让我安心读书。你们的健康、平安和快乐,将是我勇往直前的最大动力。

不知不觉,已经深夜。在这样一个安宁静谧的夜,我试着理清自己的思绪,对过往时间进行记录与告别。我仍然记得当初准备博士论文时,想着如何将这个议题好好展开论述,而如今论文马上要付梓出版,却仍留下许多的遗憾。生活从不如想象的那样温柔,但我也愿意相信一切都是最好的安排。

我在华政园的求学时光已然告一段落了。人生如圆,终点亦是起点。

图书在版编目(CIP)数据

证券投资者差异化保护法律制度研究/鲍彩慧著
. —上海:上海人民出版社,2024
ISBN 978-7-208-18803-7

Ⅰ.①证… Ⅱ.①鲍… Ⅲ.①证券市场-投资者-法
律保护-研究-中国 Ⅳ.①D922.287.4

中国国家版本馆 CIP 数据核字(2024)第 053832 号

责任编辑 夏红梅
封面设计 夏 芳

证券投资者差异化保护法律制度研究
鲍彩慧 著

出 版 上海人民出版社
 (201101 上海市闵行区号景路 159 弄 C 座)
发 行 上海人民出版社发行中心
印 刷 上海新华印刷有限公司
开 本 890×1240 1/32
印 张 7.25
插 页 2
字 数 180,000
版 次 2024 年 7 月第 1 版
印 次 2024 年 7 月第 1 次印刷
ISBN 978-7-208-18803-7/D·4286
定 价 40.00 元